Hackl/Gerpott
HR 2020 – Personalmanagement der Zukunft

HR 2020 – Personalmanagement der Zukunft

Strategien umsetzen, Individualität unterstützen, Agilität ermöglichen

von

Prof. Dr. Benedikt Hackl

Fabiola Gerpott

Verlag Franz Vahlen München

Benedikt Hackl ist Professor für Strategie und Personal. Er leitet das Forschungscluster HR | Impulsgeber, in dem über Drittmittelstudien in den letzten Jahren intensiv an der Rolle und Ausrichtung eines erfolgreichen Personalmanagements geforscht wurde. Seine Tätigkeiten im Bereich Wissenschaft und Praxis konzentrieren sich auf Strategieimplementierung und Führung. Darüber hinaus ist er für zahlreiche Unternehmen als Trainer, Analytiker und Berater tätig.

Fabiola Gerpott verantwortet die Bereiche Datenerhebung und -analyse im Forschungscluster HR | Impulsgeber. Sie ist Doktorandin der Betriebswirtschaft (Jacobs University Bremen) und Psychologie (Vrieje Universiteit Amsterdam). Ihre Forschungsarbeiten konzentrieren sich auf die Folgen gesellschaftlicher Veränderungen für die Neuausrichtung der Personalarbeit, sowohl im deutschen Kontext als auch im internationalen Raum.

ISBN 978 3 8006 4938 9

Satz: Fotosatz Buck
Zweikirchener Str. 7, 84036 Kumhausen
Druck und Bindung: BELTZ Bad Langensalza GmbH
Neustädter Straße 1–4, 99947 Bad Langensalza
Umschlaggestaltung: Ralph Zimmermann – Bureau Parapluie
Gedruckt auf säurefreiem, alterungsbeständigem Papier
(hergestellt aus chlorfrei gebleichtem Zellstoff)

Für Julia Hackl, unsere Eltern Ingrid und Armin Hackl sowie
Heike und Torsten Gerpott

Vorwort

Sich auflösende Organisationsgrenzen, offene Netzwerkstrukturen, projektbasierte Arbeitsverhältnisse, kundenorientierte Innovationszyklen: Die Erscheinungsform von Unternehmen befindet sich in einem radikalen Wandel. Flexibilität, Marktorientierung und Schnelligkeit sind die neuen Leitbilder innovativer Organisationen, die in einer volatilen Arbeitswelt wettbewerbsfähig bleiben wollen. Hierarchien werden abgebaut, Entscheidungsbefugnisse an Teams übertragen, die sich selbst steuern und neue Wege in der Produktentwicklung eingeschlagen – nur das Personalmanagement (auch als Human Resources Management, kurz HRM[1] bezeichnet) bleibt in den meisten Fällen in den Aufgaben verhaftet, die sich traditionell zu seinen Hoheitsgebieten entwickelt haben. Anstatt sich durch die Aufnahme externer Impulse als zukunftsorientierter Strategie- und Produktberater zu positionieren, wird ein bunter Strauß an durchaus innovativen HR-Dienstleistungen angeboten, der jedoch leider zu oft an den Bedarfen agiler Organisationsformen vorbeigeht. Um es pointiert zusammenzufassen: Das HRM arbeitet heute als vergleichsweise starrer Funktionsträger mit den Instrumenten von gestern an der Gestaltung flexibler Organisationen von morgen – diese Kombination kann nicht gut gehen. Das HRM liefert nicht den Wertbeitrag zum Unternehmenserfolg, den es leisten könnte. Die Konsequenzen sind schon jetzt deutlich sichtbar. Nur noch sieben der Dax30-Unternehmen verfügen aktuell über einen eigenen Personalvorstand, bei den anderen Organisationen ist die Kopplung an ein weiteres Vorstandsressort üblich[2]. Personalarbeit scheint als Tätigkeit betrachtet zu werden, die nebenbei erledigt werden kann und für die kaum spezifische Fachkenntnisse notwendig sind. Personaler protestieren zwar gegen diesen Vorwurf, doch konkrete Lösungen für eine Veränderung der Situation fehlen bislang.

---

[1] Begriffliche Erläuterung: In diesem Buch werden die Begriffe Human Resources Management (HRM) und Personalmanagement als Bezeichnung für die strukturelle Organisationsfunktion des Unternehmensbereichs „Personal" verwendet (Das „Was"). Daneben verwenden wir die Begriffe HR, Personalwesen, Personalbereich, HR-Bereich zur Beschreibung der handelnden Akteure (Das „Wer").

[2] Vgl. Schwertfeger (2014).

Auch wenn die Zukunft des Personalmanagements bereits seit längerem diskutiert wird, beklagen Praktiker, dass viele der bisher vorgebrachten Konzepte sehr abstrakt bleiben und sich auf breite Megatrends beziehen. Die Ableitung konkreter Handlungsempfehlungen fällt auf dieser Basis schwer. Darüber hinaus werden – ganz nach dem Motto „Alter Wein in neuen Schläuchen" – etablierte Ansätze geringfügig verändert und als neue, strategische Lösungen der Personalarbeit verkauft. Um diesem Mangel entgegen zu wirken, führen wir in dem vorliegenden Buch die Ergebnisse zahlreicher Forschungs- und Beratungsprojekte zu einer neuen HR-Wertarchitektur zusammen. Der Begriff der Wertarchitektur veranschaulicht die Notwendigkeit eines Umdenkens von HR-Bereichen, weg von traditionellem Abteilungsdenken und hin zur Übernahme von bereichsübergreifenden und sich wechselseitig beeinflussenden Aufgabenschwerpunkten. Nur so kann das HRM neuen Organisations- und Arbeitsformen in sich ständig wandelnden Umwelten gerecht werden.

Wir fassen mit diesem Buch theoretische Grundlagen der Personalarbeit verständlich zusammen und entwickeln daraus einen ganzheitlichen Ansatz für die Neuausrichtung von HRM. Dazu ...

... beschreiben wir die Entwicklung der Personalarbeit und damit einhergehende aktuelle sowie zukünftige Herausforderungen **(Kapitel 1)**,

... legen wir den Ist-Zustand in deutschen Unternehmen und speziell von HR-Bereichen in Bezug auf den Umgang mit zukünftigen Herausforderungen dar **(Kapitel 2)**,

... entwickeln wir unseren Ansatz für eine neue HR-Wertarchitektur, die dem Personalmanagement zu höherer betriebswirtschaftlicher Wirksamkeit verhelfen soll **(Kapitel 3)**,

... geben wir Impulse für eine unternehmensangepasste Implementierung der HR-Wertarchitektur zur Gestaltung zukunftsfähiger Personalarbeit **(Kapitel 4)**.

Diese Struktur soll ein praxistaugliches Buch garantieren, in dem wir Personalverantwortlichen und Unternehmenslenkern – unabhängig von Unternehmensgröße und Struktur ihres HR-Bereichs – neue Ideen für nachhaltig wirksame HR-Arbeit mit auf den Weg geben. Unser Anliegen lässt sich in drei Kernzielen zusammenfassen:

- Wir verfolgen mit unserem Ansatz eine **konsequente Zukunftsorientierung**, im Rahmen derer wir die Auswirkungen der „neuen" Arbeitswelt (ständiger Wandel, Unsicherheit, Komplexität) auf jeden Aspekt der Personalarbeit berücksichtigen.

- Wir konzentrieren uns auf **wissenschaftlich erwiesene Zusammenhänge** zwischen Personalinstrumenten und Unternehmenserfolg, die wir verständlich und klar aufbereiten.
- Wir untermalen unsere Konzepte mit **Praxisbeispielen und Expertenimpulsen**, um konkrete Umsetzungsideen zu liefern.

Dieses Buchprojekt wäre ohne die Zeit und Unterstützung zahlreicher Partner nicht möglich gewesen. Unser Dank gilt Theresia Bauer, Ministerin für Wissenschaft, Forschung und Kunst in Baden-Württemberg, die mit Ihrer Forschungsagenda die problemlösende, anwendungsorientierte Forschung nachhaltig unterstützt. Ebenso danken wir Professor Reinhold R. Geilsdörfer, Professor Ulf-Daniel Ehlers sowie allen Unternehmenspartnern, die die Forschungsprojekte möglich gemacht haben. Ein besonderer Dank geht in diesem Zusammenhang an unsere Forschungspartner Professor Joachim Hasebrook, zeb/, an Bertram Brossardt, Geschäftsführer der Vereinigung der bayerischen Wirtschaft und Stefan Küpper, Geschäftsführer des Bildungswerkes der baden-württembergischen Wirtschaft. Für das Verfassen der Expertenimpulse in diesem Buch bedanken wir uns bei Peter Friederichs, Michelle Rowbotham, Dr. Beatrix Behrens, Angelika Schätzle, Dr. Jörg Thienemann und Dr. Michael Müller, die trotz engem Zeitplan unser Buch mit ihren Ideen bereichert haben. Nicht zuletzt gilt unser Dank Dominik Baumann, der in der letzten und entscheidenden Phase dieser Buchreise zu uns gestoßen ist und mit klarem Blick zu Qualitätsverbesserungen und Schärfungen beigetragen hat. Gleichermaßen danken wir dem Lektor des Verlages, Herrn Stephan Killian, für die vertrauensvolle Zusammenarbeit und die Diskussionsbereitschaft zu Inhalt und Titel des Werkes.

Impulse für die Personalarbeit in agilen Unternehmen geben – das ist die Vision dieses Buches und das Ziel unserer Tätigkeit im wissenschaftlichen Kontext mit dem Forschungscluster HR | Impulsgeber. Wir möchten Unternehmer, Geschäftsführer, Manager, Führungskräfte, Personaler und Studierende motivieren, ein zukunftsorientiertes oder sogar revolutionäres HR Management zu denken. Zur Weiterentwicklung unserer Forschung freuen wir uns über die Rückmeldungen möglichst vieler Leser über die Plattform www.hr-impulsgeber.de. Hier finden Sie außerdem kontinuierlich neue Best Practice-Beispiele, Studien und Umsetzungsempfehlungen.

Wir wünschen eine inspirierende Lektüre!

Ihr Benedikt Hackl & Ihre Fabiola Gerpott

Inhaltsverzeichnis

Abbildungsverzeichnis

Tabellenverzeichnis

1. HRM auf dem Weg zu neuen Ufern

Der kontinuierliche Wandel von Märkten, Unternehmen und Mitarbeiteranforderungen ist an sich kein neues Phänomen. Auch die damit einhergehenden Veränderungen der HR-Aufgaben sind eine Begleiterscheinung, die seit Einführung der Funktion des Personalmanagements Wissenschaftler und Praktiker beschäftigen. Neu an der derzeitigen Situation sind allerdings (1) die enorme Geschwindigkeit der Umwälzungen sowie (2) die weitreichenden Konsequenzen für die Organisationsform und Aufgabenfelder von Unternehmen und damit auch für das HR Management. In diesem Buch konzentrieren wir uns auf die Implikationen der veränderten Rahmenbedingungen für die Zukunft der Personalarbeit: Damit HRM als Konsequenz sich auflösender Organisations- und Marktgrenzen nicht ebenfalls in die Auflösung gedrängt wird, ist aus unserer Sicht ein radikales Umdenken notwendig.

In **Kapitel 1** legen wir mit einem kurzen Abriss der historischen Entwicklung der Personalfunktion den Grundstein für das Verständnis der heutigen Anforderungen an HR-Bereiche. Aufbauend darauf reflektieren wir, inwieweit das HRM diese Ansprüche bereits erfüllen kann. Dazu betrachten wir sowohl die Ergebnisse empirischer Untersuchungen als auch die wesentlichen Veränderungen auf Markt-, Unternehmens- und Mitarbeiterebene. In der Zusammenführung der aktuellen Kritik an HRM und den wichtigsten Zukunftsherausforderungen entwickeln wir drei Kernanforderungen, die eine wirksamkeitsorientierte Personalarbeit berücksichtigen sollte.

Im weiteren Verlauf des Buches (**Kapitel 2**) zeigen wir auf Basis unserer zahlreichen empirischen Untersuchungen und Organisationsanalysen von HR-Bereichen den aktuellen Stand des HR Managements in Bezug auf diese drei Kernanforderungen der Zukunft auf.

In **Kapitel 3** erläutern wir, warum die ganzheitliche Adressierung aller drei Kernanforderungen den meisten HR-Bereichen bis jetzt schwer fällt. Sie handeln verbreitet als selbstreferentielle Systeme mit traditionellen Steuerungsmechanismen, die weitestgehend immun gegen Veränderungsimpulse von außen sind. Basierend auf dieser Feststellung entwickeln wir eine neue Wertarchitektur, die eine systematische Öffnung des HR Managements vorschlägt.

In **Kapitel 4** erläutern wir, warum die neue HR-Wertarchitektur kein universales Patentrezept für die Umstrukturierung von HR-Bereichen darstellt, sondern jeweils im unternehmensspezifischen Kontext analysiert, angepasst und entwickelt werden muss. Dazu erklären wir das Konzept der DNA des Personalerfolgs und plädieren für eine individuelle Ausgestaltung der Personalarbeit nach den zentralen Erfolgszusammenhängen des jeweiligen Unternehmens.

Abbildung 1 veranschaulicht unsere Argumentationskette und den Aufbau dieses Buches.

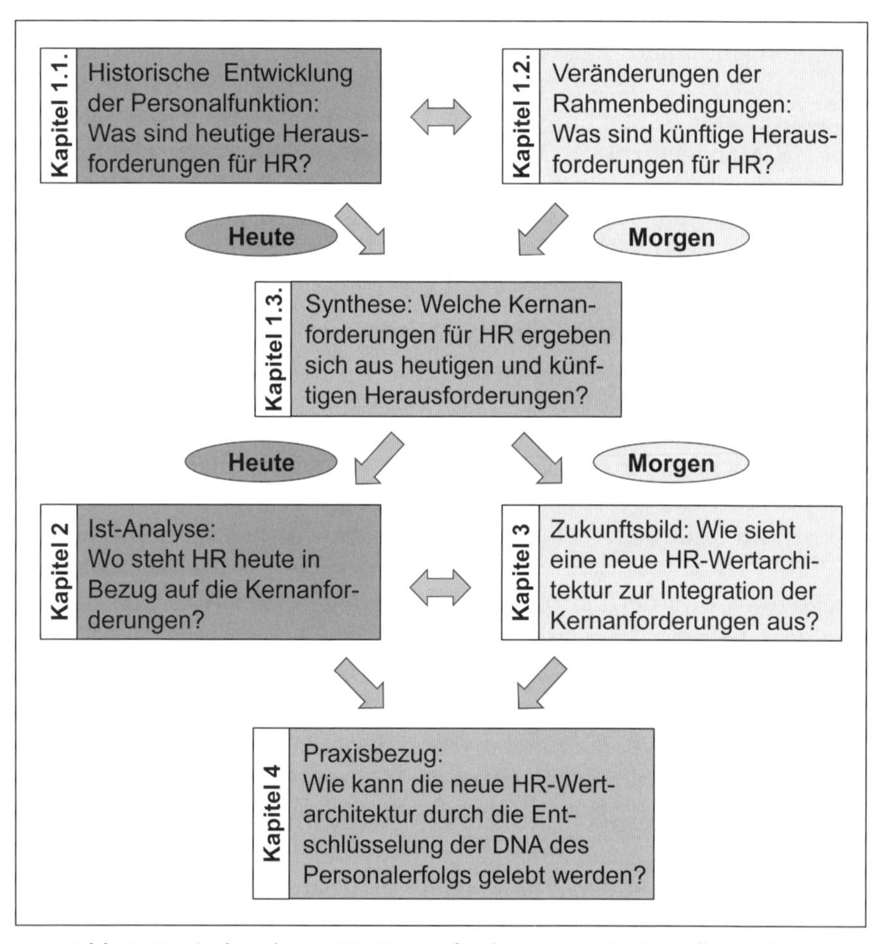

Abb. 1: Kapitelstruktur: HR-Kernanforderungen als Grundlage einer neuen Wertarchitektur

1.1 Von der Dienstleistungsrolle zur strategischen Funktion: Wo steht das HRM heute?

Die historische Entwicklung des Personalwesens zeichnet eine kontinuierliche Ausweitung seiner Kompetenz- und Aufgabenbereiche. Umfasste das Personalmanagement früher nur die Abwicklung operativer Prozesse wie die Gehaltsabrechnung oder die Verwaltung der Personalakte, so wird das HR Management heute als die Summe der mitarbeiterbezogenen Gestaltungsmaßnahmen zur Verwirklichung der strategischen Unternehmensziele definiert[3]. Damit werden an den Personalbereich deutlich mehr Anforderungen gestellt als nur die Ausführung administrativer Personalverwaltungsaufgaben. Ein strategisch ausgerichtetes HR Management, das die Rahmenbedingungen für die Gewinnung, Bindung und Motivation einer ausreichenden Zahl qualifizierter Mitarbeiter schafft und ausgestaltet, gilt als wichtiger Faktor zum Erzielen von Wettbewerbsvorteilen.

Die Einführung der Personalfunktion geht auf den Beginn der Industrialisierung zurück. In diesem Kontext wurde es für Unternehmen notwendig, eine strukturierte Personalverwaltung zu etablieren, um die steigende Arbeitnehmerzahl zu organisieren und zu koordinieren. Personalbereiche waren also zunächst verwaltende Einheiten, deren einzige Aufgabe darin bestand, die operative Steuerung von Einstellung, Entlohnung und Entlassung sicherzustellen. Der Mitarbeiter selbst wurde als weitgehend austauschbar und finanziell motiviert angesehen, sodass kaum ein Gedanke an Personalentwicklung und -bindung verloren wurde. Grundlage für diese Betrachtung waren unter anderem die Ausführungen des amerikanischen Ingenieurs Frederick W. Taylor, der die Produktivität menschlicher Arbeitsleistung durch eine rein mechanisch-wissenschaftliche Optimierung zu maximieren versuchte. Er reduzierte den kognitiven Anspruch von Tätigkeiten, indem er sie in kleine Arbeitsschritte aufteilte, ermöglichte damit ein zügiges Anlernen von Mitarbeitern und optimierte durch Training die schnellstmögliche Ausführung immer gleicher Abläufe. Ein ähnliches Konzept entwickelte und vertrat auch Henry Ford, der die industrielle Massenproduktion von Automobilen mittels Fließbandarbeit revolutionierte.

Dieses Bild des Menschen als Produktionsfaktor ohne kognitive Anforderungen an die Tätigkeit wurde in den 1930er Jahren durch die Human-Relations-Bewegung abgelöst. Mit der zunehmenden Herausbildung von Spezialistenfunktionen in Unternehmen und der stärkeren Berücksichtigung psychologischer Erkenntnisse änderte sich in diesem

[3] Vgl. Gabler (2005).

Zeitraum langsam, aber sicher der Blick auf den Mitarbeiter. Arbeitsbedingungen wurden humanisiert, das Verständnis von Führung als autoritäre Weisungsbeziehung begann sich hin zu einem stärkeren Einbezug der Mitarbeiter zu wandeln. Es dauerte allerdings bis in die 1970er Jahre, bis diese Entwicklungen auch den Personalbereich erreichten und Themen wie Mitbestimmung und Mitarbeiterengagement an Bedeutung gewannen. In diesem Kontext begann das Personalwesen sich um zusätzliche Aufgabenfelder wie ergonomische Arbeitsplatzgestaltung, Führungskräfteentwicklung und Sozialleistungen zu bemühen.

Systematisiert und deutlich erweitert wurde der stärkere Fokus auf die Bedürfnisse der Mitarbeiter mit der Entwicklung des Konzepts des strategischen Human Resource Managements in Nordamerika[4]. Nach diesem Ansatz sind Mitarbeiter eine schwer ersetzbare Ressource mit einzigartigem Wissen und damit Träger nachhaltiger Wettbewerbsvorteile. Ein Unternehmen kann langfristig nur erfolgreich sein, wenn es die „richtigen" (d. h. zur Umsetzung der Unternehmensstrategie notwendigen) Mitarbeiter findet, bindet und weiterentwickelt. Mit dem Siegeszug des strategischen HR-Ansatzes[5] gewann der Personalbereich als Koordinator dieser „menschlichen Ressource" entscheidend an Bedeutung. Er sollte nun nicht mehr nur die Personalverwaltung übernehmen, sondern durch die langfristig ausgerichtete Gewinnung, Bindung und Motivation von Mitarbeitern einen Beitrag zum Unternehmenserfolg liefern. Zahlreiche Studien haben seither die Wirksamkeit eines strategischen HR Managements für den Unternehmenserfolg und die Leistung sowie Arbeitszufriedenheit von Mitarbeitern belegt[6]. Der Wertbeitrag des HRM ist demnach besonders hoch, wenn die Personalsysteme an die Mission und Ziele des Unternehmens angepasst sind und diese in enger Zusammenarbeit mit den einzelnen Fachbereichen des Unternehmens in der Personalarbeit umgesetzt werden.

Das neue Paradigma konzentriert sich in allen Aspekte der Personalarbeit auf den Strategiebeitrag von HRM: Personaler sollen in der Geschäftsführung vertreten sein und ihre Arbeit so professionalisieren, dass sie der Rolle des strategischen Partners gerecht werden. Die klassischen administrativen Aufgaben des Personalbereichs werden in diesem Kontext so weit wie möglich reduziert und standardisiert. Vor allem größere Unternehmen konsolidieren derartige Aufgaben in zentralen Stellen (so genannten Shared Service Center), die zum Teil auch komplett an externe Anbieter ausgelagert werden. HRM erfährt damit zumindest

[4] Vgl. Barney & Wright (1998); Becker & Huselid (1998); Boxall & Purcell (2000).
[5] Vgl. auch Kapitel 2.1.1
[6] Vgl. Barthel, Hasebrook & Zawacki-Richter (2004); Green, Wu, Whitten & Medlin (2006).

auf dem Papier eine Aufwertung: Vom Verwalter zum Gestalter – doch erfüllt das HRM diese Rolle in der Praxis auch tatsächlich?

HRM als Werttreiber: Status Quo

Während der Zusammenhang zwischen einem strategisch ausgerichteten Personalmanagement und einer Erhöhung des Unternehmenserfolgs im nordamerikanischen Raum umfassend belegt ist, fehlt eine detaillierte Analyse des Status Quo im deutschsprachigen Kontext. Diese Lücke motivierte uns zu einer umfassenden Erhebung des Ist-Zustandes traditioneller Hauptbetätigungsfelder von HR-Bereichen. Folglich unterzogen wir die Bereiche Personalstrategie, Personalplanung, Personalrekrutierung, Personalentwicklung und Personalführung einer detaillierteren Analyse.

Bei unserer Untersuchung der Qualität dieser fünf Felder der Personalarbeit in deutschen Unternehmen verwendeten wir ein Forschungsdesign, das auf dem Qualitätsmanagementsystem der European Foundation for Quality Management (EFQM-Modell) basiert. Der Ansatz zeichnet sich durch eine ganzheitliche Betrachtung von Prozessen in Unternehmen aus und berücksichtigt nicht nur die Exzellenz einzelner Abläufe, sondern auch deren wechselseitige Abstimmung. Anhand von Reifegraden lässt sich der Umsetzungsstand in Unternehmen ermitteln und eine Ableitung von Stärken-Schwächen-Profilen sowie Vergleiche mit Wettbewerbern durchführen.

Nach Vorgabe der Qualitätsmessung des EFQM-Modells untersuchten wir die Reifegrade der Personalmanagementbereiche unter Rückgriff auf ein fünfstufiges System[7]. Stufe 1 bedeutet dabei keine eigene Aktivität (0 %), das heißt Prozesse werden gar nicht oder nur auf Anfrage umgesetzt. Stufe 2 bezeichnet eine vorhandene Aktivität, jedoch ohne Eigensteuerung (25 %), also bedarfsgesteuerte Handlungen ohne systematischen Gestaltungsanspruch durch das HRM. Auf Stufe 3 sind erste Ansätze zur Eigensteuerung vorhanden (50 %), und Stufe 4 bildet eine vollständige Eigensteuerung des HR-Bereichs mit hoher Regelmäßigkeit (75 %) ab. Unternehmen, deren Personalmanagementbereiche zu Stufe 5 (100 %) zählen, kombinieren die systematische Eigensteuerung mit einer ganzheitlichen Abstimmung der einzelnen Handlungsfelder aufeinander sowie auf die langfristige Unternehmensstrategie.

Um die Stellhebel erfolgreicher Personalarbeit im Gesamtzusammenhang identifizieren zu können, befragten wir in einer siebenwöchigen bundesweiten Umfrage 662 Unternehmensvertreter[8]. Zur Sicherung

---

[7] Vgl. Barthel et al. (2004).
[8] Vgl. Kapitel 2, Tabelle 1.

hoher wissenschaftlicher Standards bei gleichzeitig maximaler Praxisrelevanz entwickelten wir den verwendeten Fragebogen gemeinsam mit unserem Forschungspartner Professor Dr. Hasebrook (zeb/) in einem iterativen Prozess mit weiteren neun Experten aus Unternehmen und Forschungseinrichtungen. Die Teilnehmer der Befragung wurden durch Berichte von Medienpartnern, Pressenotizen, die Nutzung von Social Media-Plattformen und die Ansprache durch Partnerverbände (vbw – Vereinigung der Bayrischen Wirtschaft e.V., Landesvereinigung Baden-Württembergischer Arbeitgeberverbände e.V.) gewonnen. Außerdem nutzten wir eine Adressliste der Hoppenstedt Firmendatenbank zur Anschrift von Personalverantwortlichen und Geschäftsführern deutscher Unternehmen.

Durch die überregionalen Medienaufrufe konnten wir Unternehmensvertreter in unterschiedlichsten Funktionen in ganz Deutschland zu einer Teilnahme motivieren. Die Stichprobe setzt sich zu 56 % aus Personen in HR-Leitungspositionen, zu 20 % aus Mitgliedern der Geschäftsführung, zu 13 % aus Personen in anderen Führungspositionen sowie zu 11 % aus Mitarbeitern in sonstigen Unternehmensbereichen zusammen. Die Befragten stammen überdies aus unterschiedlichen Branchen (höchste Anteile: Maschinenbau 21 %, Automobil 18 %, Gesundheit 15 %). In einem sowohl online als auch in der Papierversion verfügbaren Fragebogen bewerteten die Teilnehmer die Bereiche Personalstrategie, Personalplanung, Personalrekrutierung, Personalentwicklung und Personalführung in Bezug auf (1) den Umsetzungsgrad in Ihrem Unternehmen sowie (2) die beigemessene Bedeutung nach der erläuterten Reifegradlogik.

Höhere Qualität der HR-Funktionen führt zu höherer Arbeitgeberattraktivität

Zunächst belegen die Studienergebnisse eindeutig, dass Unternehmen, die höhere Reifegrade in der Ausgestaltung der Personalmanagement-Bereiche erreichen und den Funktionen eine hohe Wichtigkeit zuschreiben, über eine überdurchschnittliche Arbeitgeberattraktivität verfügen. Diese Kennzahl ist in Zeiten des Fachkräftemangels zentral für die langfristige Wettbewerbsfähigkeit von Unternehmen. Die Kosten der Gewinnung hoch qualifizierter Mitarbeiter sind beträchtlich[9] und (freiwillige) Fluktuation hat spürbar negative Auswirkungen auf den

[9] Je nach Qualifikation betragen die direkten und indirekten Kosten der Personalgewinnung pro Fachkraft etwa 50 bis 200 Prozent des Jahresgehalts; vgl. Kieser (2009), S. 148.

Unternehmenserfolg[10], sodass eine hohe Arbeitgeberattraktivität für die Sicherung von Fachkräften einen entscheidenden Erfolgsfaktor darstellt.

Für die höhere Arbeitgeberattraktivität von Unternehmen mit qualitativ exzellenten HR-Bereichen ist nicht nur der direkte Effekt der Professionalität der Personalgewinnung entscheidend. Vielmehr existiert eine untrennbare Verknüpfung mit der Qualität der anderen Bereiche – Unternehmen, die über eine klare Ausrichtung der Strategie, nachhaltige Personalplanung, stärkenorientierte Rekrutierungsstrategie, zielgruppenorientierte Personalentwicklung und mitarbeiterzentrierte Personalführungsansätze verfügen, sind sowohl für Bewerber als auch für Mitarbeiter deutlich attraktiver als andere Unternehmen ohne diese Ausprägungen. Abbildung 2 zeigt die fünf untersuchten Bereiche und den Vergleich der Qualitätsstufen sowie zugeordneten Wichtigkeit zwischen attraktiven und weniger attraktiven Arbeitgebern. Unternehmen mit hoher Arbeitgeberattraktivität schätzen die Wichtigkeit der fünf

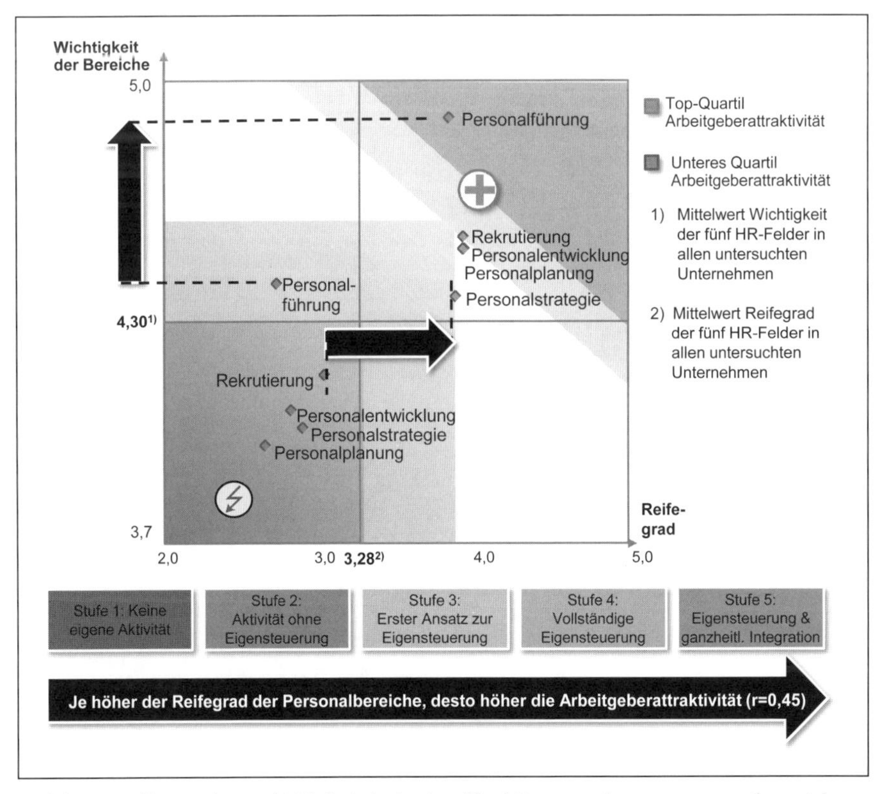

Abb. 2: Reifegrade und Wichtigkeit der fünf Personalmanagementbereiche: Vergleich von Unternehmen mit hoher vs. niedriger Arbeitgeberattraktivität

[10] Vgl. Park & Shaw (2013); Shaw, Park & Kim (2013).

Bereiche im Durchschnitt um 20 % höher ein als ihre Wettbewerber im unteren Quartil. Gleichzeitig liegen ihre Personalbereiche um etwa 1,5 Qualitätsstufen über den Reifegraden von Personalbereichen in Unternehmen mit niedriger Arbeitgeberattraktivität.

Umsetzung der HR-Funktionen: Mittelmäßigkeit vorherrschend

Obwohl der Zusammenhang zwischen hoher Qualität der Aufgabenfelder im Personalbereich und verschiedenen Erfolgsindikatoren sowohl durch die im vorangegangen Abschnitt erläuterten Ergebnisse als auch durch die metaanalytische Zusammenfassung mehrerer Studien in einer Gesamtanalyse[11] belegt wird, zeichnet sich bei der detaillierten Auswertung des aktuellen Umsetzungsstandes in deutschen Unternehmen ein ernüchterndes Bild ab: Das HRM befindet sich maximal im Mittelfeld der möglichen Leistungsfähigkeit. Im Durschnitt sind die HR-Bereiche gerade einmal systematisch aufgebaut. Die einzelnen HR-Funktionen sind jedoch kaum aufeinander abgestimmt und arbeiten in Bezug auf die Gesamtstrategie oftmals nicht ganzheitlich zusammen (vgl. Abbildung 3). Ein Vergleich der Reifegrade nach Branchenzugehörigkeit der untersuchten Unternehmen zeigt, dass die Automobilindustrie eine Vorreiterrolle einnimmt, wohingegen die Logistikbranche das größte Entwicklungspotenzial aufweist. Auch mit zunehmender Unternehmensgröße steigt tendenziell die Qualität der Personalmanagementbereiche

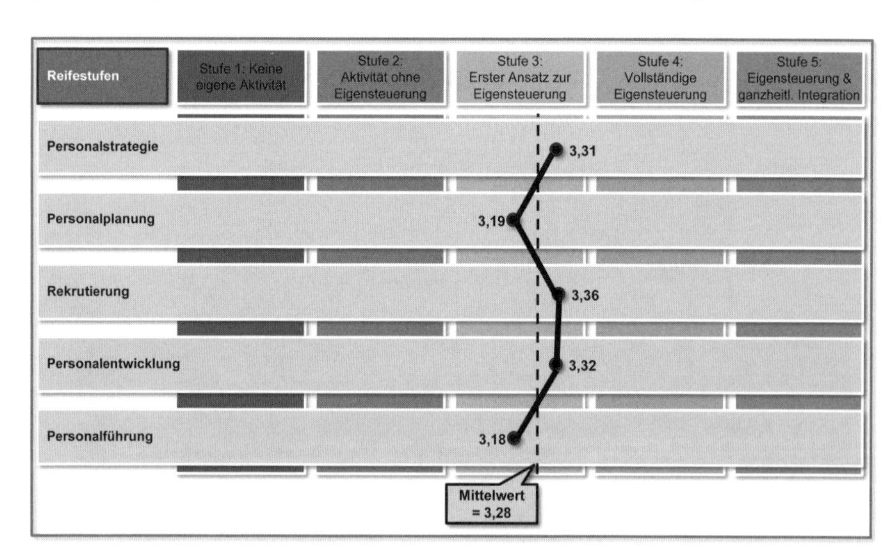

Abb. 3: Mittlere Reifegrade der fünf Personalmanagementbereiche in den untersuchten Unternehmen

[11] Vgl. Green et. al. (2006).

– je mehr Mitarbeiter im Unternehmen beschäftigt sind, desto höher fällt der Reifegrad der Personalprozesse aus. Die nachfolgende Ergebniszusammenfassung der Stärken und Schwächen in den einzelnen Aufgabenbereichen verdeutlicht die Handlungsfelder für HRM aus der heutigen Beurteilung durch Personaler sowie aus Sicht der Unternehmensleitung.

Personalstrategie

Die Personalstrategie wird bei den meisten teilnehmenden Unternehmen regelmäßig aus der Gesamtstrategie abgeleitet und berücksichtigt gesamtgesellschaftliche Trends systematisch. Während die Qualität in Bezug auf diese Aspekte als eher hoch zu bewerten ist, lässt sich eine nachlässige Einbindung der Mitarbeiter in die strategische Ausrichtung des Unternehmens feststellen. Die wenigsten HR-Bereiche beschäftigen sich damit, ob den Mitarbeitern die langfristige Unternehmensstrategie bekannt ist, geschweige denn, ob sie dieser zustimmen. Damit werden enorme Potenziale der Strategieumsetzung verschenkt: Die Veränderungs- und Umsetzungsbereitschaft der eigenen Belegschaft sind die wichtigsten Treiber erfolgreicher Strategieimplementierung. Die Gesamtstrategie kann noch so gut geplant und mit Kennzahlen versehen sein – wenn die Mitarbeiter diese nicht leben, ist sie zum Scheitern verurteilt. Unternehmen ist zu empfehlen, den Ruf nach höherer Kundenorientierung nicht nur auf externe Kunden zu beziehen, sondern auch die eigenen Mitarbeiter als zentrale Anspruchsgruppen einzubinden und bei der Strategieentwicklung zu berücksichtigen. Nicht zuletzt wird bei der Analyse der Qualitätsgrade im Kontext der Personalstrategie deutlich, dass das HRM sich zwar auf die Umsetzung der Unternehmensstrategie in den einzelnen Aufgabenbereichen (z. B. Integration in die Leistungsbeurteilungssysteme, Anreizgestaltung oder Arbeitszeitmodelle) konzentriert, diese dabei aber zu oft isoliert voneinander betrachtet. Aus dieser fehlenden Integration resultieren oftmals widersprüchliche Anforderungen der einzelnen Personalsysteme, was den nachhaltigen Erfolg der Strategieumsetzung beeinträchtigt.

Personalplanung

Die Personalplanung beschreibt die „Gesamtheit der Maßnahmen zur Ermittlung des zukünftigen Personalbedarfs und die Bereitstellung der benötigten Arbeitskräfte“[12]. Sie ist in den meisten Unternehmen bereits systematisch auf den Einbezug der Führungskräfte ausgerichtet. Der HR-Bereich befragt diese nach künftigen Personalbedarfen und richtet,

[12] Dachroth, Engelbert, Koberski & Dachrodt (2014), S. 1157.

basierend auf den erhaltenden Angaben, die Mitarbeitergewinnung und -entwicklung entsprechend aus. So entsteht in den meisten Unternehmen eine systematische und zumindest mittelfristige Besetzungsplanung. Allerdings werden die Einschätzungen der Vorgesetzten noch zu selten kritisch hinterfragt und mit den künftig benötigten Kompetenzprofilen aus der Gesamtstrategie abgeglichen. Die HR-Bereiche nehmen die erhaltenen Bedarfsstatistiken mehr oder weniger unreflektiert hin und überlegen nur in vereinzelten Fällen in gemeinsamen Szenario-Besprechungen mit den leitenden Kräften, ob und wie sich Schlüsselpositionen in Zukunft verändern könnten. Auch verschiedene Entwicklungsmöglichkeiten auf gesamtgesellschaftlicher Ebene (z. B. veränderte Altersstruktur der Bewerber, andere Ausbildungsabschlüsse, Internationalisierung der Erwerbsbevölkerung) werden bis jetzt kaum verwendet, um alternative Personalbedarfsmodelle zu entwickeln. Ein höheres Maß an Eigensteuerung durch das HRM wäre an dieser Stelle notwendig, um einen über den operativen Aspekt hinausgehenden, strategischen Beitrag zu leisten.

Personalrekrutierung

Die Personalgewinnung umfasst alle Instrumente zur Besetzung freier Stellen durch interne oder externe Arbeitskräfte. In den meisten an unserer Befragung teilnehmenden Unternehmen werden Führungskräfte umfangreich in die (externen) Personalrekrutierung einbezogen. Die Führungskräfte, für deren Team ein neuer Mitarbeiter gesucht wird, sind größtenteils auch an den Einstellungsinterviews beteiligt. Damit kann der „Person-Supervisor-Fit", das heißt die Passung zwischen Führungskraft und Mitarbeiter, bereits nach dem ersten Interview recht zuverlässig prognostiziert werden. In den untersuchten kleinen und mittelständischen Unternehmen werden systematische Test- und Auswahlverfahren, wie z. B. Assessment-Center, dagegen eher selten eingesetzt. Die Anforderungsanalyse, das heißt die Ermittlung der tätigkeitsrelevanten Fähigkeiten eines Bewerbers für den zu besetzenden Arbeitsplatz, erfolgt zumeist durch die biografieorientierte Bewertung vorhandener Qualifikationen und bisheriger Erfahrungen. Der in großen Unternehmen zu beobachtende Trend zur Professionalisierung der Personalauswahl scheint also in kleineren Unternehmen weitestgehend ignoriert zu werden[13]. Auch wenn die Passung zwischen neuem Mitarbeiter und Führungskraft sowie zwischen neuem Mitarbeiter und Team im Vergleich zu früher an Bedeutung für die Arbeitsleistung zunimmt, ist an dieser Stelle auf die nach wie vor hohe Vorhersagekraft

[13] Vgl. Nachtwei & Schermuly (2009).

systematischer Tests zu verweisen. Nach einer klassischen Studie der Wissenschaftler Schmidt und Hunter[14] sind Arbeitsproben und Intelligenztests die besten Prädiktoren für den späteren Berufserfolg. An dritter Stelle folgt das Einstellungsinterview, welches allerdings auf einem systematischen Leitfaden mit direktem Bezug zur auszuführenden Tätigkeit beruhen sollte.

Über eine Professionalisierung des Einstellungsverfahrens ist nicht nur aufgrund der Gefahr von Fehlbesetzungen nachzudenken. Sie beeinflusst ebenso das Arbeitgeberbild, das nach außen hin vermittelt wird. Der Begriff der sozialen Validität bezeichnet die Wahrnehmung des Rekrutierungsverfahrens durch den Bewerber. Verfahren, die einen hohen Professionalitätsgrad aufweisen, vermitteln dem Bewerber das Bild eines sehr viel anspruchsvolleren Arbeitgebers als Besetzungsprozesse, in denen lediglich ein Interview geführt wird. Als Konsequenz steigt die Wahrscheinlichkeit der Zusage bei einem Stellenangebot – der Bewerber überträgt die Professionalität des Einstellungsverfahrens auf künftige Joberwartungen und ist zudem durch das Gefühl motiviert, dieses schwierige Verfahren bewältigt zu haben.

Ein weiteres Entwicklungsfeld der Personalrekrutierung liegt in der Nutzung von Mitarbeiterempfehlungen. Während viele Unternehmen klassische Werbekanäle (Printanzeigen, Fernseh-/Radiowerbung), internetbasierte oder mobile Ansprachen (Firmen-Webseite, Social Media, Online-Jobbörsen, mobile Applikationen), persönliche Kontakte mit potenziellen Bewerbern (Messen, Recruiting-Veranstaltungen, Kooperationen mit Hochschulen) oder die Teilnahme an Arbeitgeberrankings bereits systematisch nutzen, nimmt die Bedeutung informeller Rekrutierungswege in Zukunft immer mehr zu[15]. Diese informellen Methoden umfassen die Vermittlung von Informationen über das Unternehmen und/oder offene Stellen mittels zwischenmenschlicher Kanäle, die nicht zum Zweck der Stellensuche geknüpft wurden (z.B. über Bekannte, Freunde, Familie, ehemalige Mitarbeiter). Sie werden in zahlreichen Fällen von HR-Bereichen nur unregelmäßig genutzt – trotz ihres vorteilhaften Kosten-Nutzen-Verhältnisses. Aus Unternehmenssicht kann die Verwendung der Mitarbeiternetzwerke zur Fachkräftegewinnung durch Belegschaftsempfehlungs-Programme gefördert werden. Für jeden erfolgreich geworbenen neuen Mitarbeiter erhält der Arbeitnehmer beispielsweise eine Geldprämie. In empirischen Untersuchungen wird der Rekrutierung über persönliche Kontakte ein hohes Potenzial durch eine bessere Passung während des Bewerbungsprozesses, erleichterte

---

[14] Vgl. Schmidt & Hunter (1998).
[15] Vgl. Dievernich & Endrissat (2010); Maier (2009); Weitzel (2013).

Einarbeitung nach Jobeinstieg und langfristig geringere Fluktuationsquoten nachgewiesen.[16] Die Überlegenheit der von Mitarbeitern empfohlenen Bewerber liegt in Bewerberpool-, Homophilie-, Informations-, Reputations- und sozialen Vorteils-Mechanismen begründet, welche in Abbildung 4 erläutert werden. Insbesondere hochqualifizierte Fachkräfte scheinen besonders gute Empfehlungen abzugeben: Je höher die Arbeitsleistung des Empfehlungsgebers, desto besser geeignet ist demnach tendenziell der vorgeschlagene Bewerber – ein Fakt, der das ökonomische Potenzial von Belegschaftsempfehlungen gerade im Rahmen der Rekrutierung von hoch qualifizierten Mitarbeitern hervorhebt[17].

Abschließend finden wir in unseren Studienergebnissen, dass die Arbeitgeberpositionierung in den meisten Unternehmen nicht auf einer systematischen Analyse der eigenen Stärken und Schwächen als Arbeitgeber basiert. HR-Bereiche neigen dazu, allgemeine Trends wie eine hohe Work-Life-Balance, individuelle Arbeitszeitgestaltung oder internationale Karrieremöglichkeiten aufzugreifen und in ihrem Arbeitgeberversprechen zu adressieren. Dabei wird allerdings nicht immer berücksichtigt, ob diese Felder auch tatsächlich zu den eigenen Vorzügen gehören oder ob andere Aspekte die eigene Arbeitgeberidentität viel stärker definieren und damit zur Abgrenzung von Wettbewerbern geeigneter wären. Das „Verkaufen" eines realitätsfernen Arbeitgeberimages kann zwar unter Umständen kurzfristig Fachkräfte anziehen, impliziert aber langfristig durch erhöhte Fluktuation und destruktives Verhalten der Mitarbeiter hohe Folgekosten.

Personalentwicklung

Unter Personalentwicklung werden alle Tätigkeiten verstanden, „die für das Personal systematisch nach einem einheitlichen Konzept vollzogen werden" und sich auf „Veränderungen ihrer Qualifikationen und/oder Leistungen"[18] beziehen. Besonders professionell agiert die Personalentwicklung vieler HR-Bereichen bei der Ausrichtung auf am Arbeitsmarkt fehlende Kompetenzen. Personalbereiche sind bereits sehr gut darin, (zukünftig) schwer rekrutierbare Qualifikationen zu erkennen und als Gegenmaßnahme eigene Mitarbeiter in Bezug auf diese Fähigkeiten aus- oder weiterzubilden. Diese Weitsicht ist für die künftig benötigten Kompetenzen zur Umsetzung der Unternehmensstrategie allerdings noch nicht vergleichbar ausgeprägt. Plakativ zusammengefasst: Personalentwicklung wird in Bezug auf Trendthemen durchgeführt,

[16] Eine Übersicht der Potenziale informeller Rekrutierungskanäle bieten Liebe & Wegerich (2010).
[17] Sogenannter „referrer's performance effect"; vgl. Yakubovich & Lup (2006).
[18] Berthel & Becker (2007), S. 306.

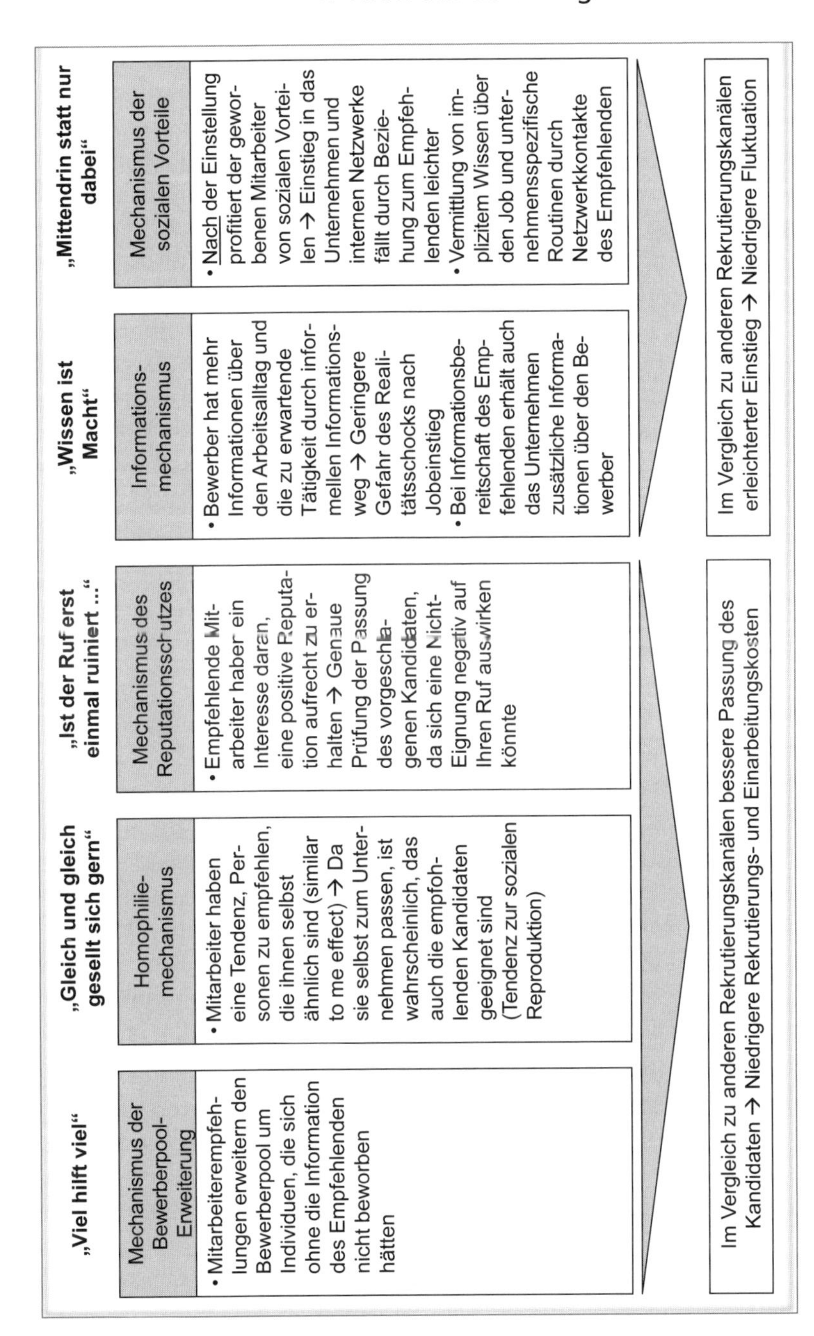

Abb. 4: Wirkmechanismen erhöhter Bewerberqualität durch Mitarbeiterempfehlungen[19]

[19] Eigene Darstellung; zur Erläuterung der Mechanismen vgl. Fernandez, Castilla & Moore (2000).

welche am Markt und auf Personalkongressen diskutiert werden – ein bisschen Self Leadership hier und etwas Netzwerkkompetenz da. Ob diese sicherlich wichtigen Zukunftskompetenzen jedoch auch die zentralen Treiber der eigenen Strategieimplementierung sind, ist bei der Auswahl der angebotenen Maßnahmen oftmals zweitranging. Diese mangelnde Ergebnisgrößen-Orientierung zeigt sich auch in der nur unregelmäßig stattfindenden Kontrolle des Lernerfolgs: Zahlreiche Unternehmen verfügen über kein systematisches Controlling ihrer Personalentwicklungsmaßnahmen, der „Return on Learning" bleibt unbekannt. Außerdem existieren noch nicht überall aussagekräftige Statistiken über die Weiterbildungsbeteiligung nach Alter, Funktion, Mitarbeiterpotenzial und vermitteltem Inhalt (Fach-, Methoden-, Selbst-, Sozialkompetenz), aus der sich künftige Schwerpunkte datenbasiert ableiten lassen.

Folglich liegt ein weiteres Handlungsfeld in der gezielten Nutzung von Personalentwicklung zur Mitarbeiterbindung. Die positive Wirkung von Weiterbildungsmaßnahmen auf die Senkung der Fluktuation konnte wiederholt gezeigt werden[20] und wird durch verschiedene zusammenwirkende Effekte erklärt:

(A) Weiterbildung erfüllt das Motiv der **Selbstverwirklichung** durch die Möglichkeit zur fachlichen und persönlichen Verbesserung.

(B) Training kann die **Wechselkosten** für den Mitarbeiter erhöhen, so dass die Kündigungswahrscheinlichkeit sinkt. Dies ist dann der Fall, wenn Training spezifisch ist, das heißt nur die speziell für eine bestimmte Tätigkeit benötigten Kompetenzen weiter entwickelt werden. Damit steigt der Humankapitalwert des Arbeitnehmers – allerdings nur innerhalb der Firma, da die erworbenen Fähigkeiten ausschließlich unternehmensintern vorteilhaft einsetzbar sind. In anderen Unternehmen hat das Spezialwissen einen geringen Nutzen, sodass ein Wechsel eventuell die Position verschlechtern würde.

(C) Sowohl allgemeines als auch jobspezifisches Training kann sich positiv auf die **wahrgenommene organisationale Unterstützung** auswirken,[21] welche wiederrum das Fluktuationsrisiko senkt.[22] Nach dem Konzept der sozialen Austauschtheorie[23] wird dem Mitarbeiter gegenüber durch Weiterbildung Wertschätzung zum Ausdruck

---

[20] Vgl. Koster, de Grip & Fouarge (2011); Pajo, Coetzer & Guenole (2010); Sieben (2007).

[21] Organisationale Unterstützung beschreibt die Wahrnehmung der Arbeitnehmer, dass von Unternehmensseite Programme und Möglichkeiten bereitgestellt werden, die ihnen bei der Entwicklung ihrer Fähigkeiten weiterhelfen. Vgl. hierzu auch Koster et. al. (2011); Lee & Bruvold (2003).

[22] Vgl. Allen & Shanock (2013).

[23] Vgl. Eisenberger, Huntington, Hutchison & Sowa (1986).

gebracht, die im Sinn eines sozialen Austauschprozesses zu reziprokem Verhalten motiviert (z. B. in Form von höherem Engagement für das Unternehmen oder intensiverem Arbeitseinsatz).[24]

(D) Personalentwicklung kann die **Passung zur Arbeitsstelle** erhöhen und damit Überforderung im Rahmen der Arbeit reduzieren. Der Mitarbeiter wird durch den Erwerb entsprechender Kompetenzen befähigt, besser mit den Anforderungen seiner Tätigkeit umzugehen und Rollenüberlastung zu verhindern, was sich über ein verringertes Stressempfinden positiv auf die Unternehmensbindung auswirkt.[25]

Diese positiven Effekte von Weiterbildung werden gerade für ältere Mitarbeiter, Individuen in Schlüsselpositionen und/oder Mitarbeiter mit hohem Entwicklungspotenzial in zu geringem Maße strategisch genutzt. Wenn überhaupt dominieren traditionelle Lernformate wie Seminare oder Trainings, ab und zu kombiniert mit elektronischen Fortbildungsangeboten. Innovative Formen der Personalentwicklung, die auf Zukunftsherausforderungen wie lebenslange Lernfähigkeit oder den Umgang mit Komplexität im Arbeitsalltag vorbereiten, werden bis jetzt nur vereinzelt angeboten. Ein Grund für die Weiterführung von Qualifizierungen in der Art und Weise „wie es immer gemacht wurde" liegt in der Tatsache, dass sich die HR-Bereiche in vielen Unternehmen in ihrer Hoheitsfunktion als „Verteiler" von Personalentwicklungsmaßnahmen nicht unwohl fühlen. Die Auswahl von Weiterbildungen ist oftmals eine Einbahnstraße: HR stellt einen Katalog möglicher Seminare zusammen und der Mitarbeiter (oder seine Führungskraft) wählt aus dieser vorgegebenen Liste aus. Noch zu selten wird diese Logik umgedreht in dem Sinne, dass HR die Rahmenbedingungen für Weitbildung schafft (z. B. Angebote aufzeigen, Infrastruktur aufbauen) und der Mitarbeiter seine Weiterentwicklung eigenverantwortlich steuert.

Personalführung

Die Reifegrade von HRM in Bezug auf die Unterstützung von Führungskräften weist den insgesamt niedrigsten Mittelwert aller untersuchten Handlungsfelder auf. Vor dem Hintergrund der (in letzter Zeit weiter zunehmenden) Bedeutung von Führung für Mitarbeiterleistung und -bindung bezeichnen wir diesen Mangel als schwerwiegend. In zahlreichen Studien ist nachgewiesen, dass die Beziehung zur Führungskraft, die erlebte Anerkennung und Wertschätzung sowie das Verhältnis zu den Kollegen hoch mit der Arbeitszufriedenheit, dem wahrgenommenen Arbeitsklima und letztendlich dem Unternehmensverbleib

[24] Vgl. Eisenberger, Armeli, Rexwinkel, Lynch & Rhoades (2001).
[25] Vgl. Mei-Fang, Chieh-Peng, & Gin-Yen (2011).

zusammenhängen.[26] Außerdem sind Führungskräfte die Haupttreiber und -verantwortlichen erfolgreicher Strategieumsetzung. HRM tut an dieser Stelle zu wenig, um Führungskräfte darauf vorzubereiten, in sich ständig wandelnden Umwelten handlungsfähig zu bleiben und mit veränderten Anforderungen in virtuellen Teams, internationalen Projektgruppen oder interdisziplinären Expertenstäben umzugehen. Nicht nur, dass HR kaum Weiterbildungsformate oder Handlungsleitlinien zu diesen Themenstellungen anbietet, es wird auch wenig daran gearbeitet, derartige Kompetenzen in die Auswahlverfahren künftiger Führungskräfte zu integrieren. Regelmäßig dominieren komplexe Kompetenzmodelle von gestern, mit denen heute die Führungskräfte für die Strategieumsetzung von morgen ausgewählt werden – eine für den langfristigen Unternehmenserfolg fragliche Kombination. Überdies wird nur in wenigen Unternehmen mit neuen Formen der Führung experimentiert, wie beispielsweise mit Teilzeitmodellen oder geteilten Führungspositionen (shared leadership).

Nicht zuletzt verwendet das HRM die Ergebnisse von Mitarbeiterbefragungen nur unregelmäßig, um Führungskräften ihre Stärken und Schwächen zurück zu spiegeln. Dieses Instrument könnte genutzt werden, um ganz konkrete Handlungsmöglichkeiten und Entwicklungsfelder für Führungskräfte aufzuzeigen – in der Realität werden solche Ableitungen zumeist gar nicht oder nur auf Anfrage realisiert. Damit wird nicht nur ein wichtiges Entwicklungsinstrument unzureichend genutzt, die motivationsförderliche Wirkung von Feedback geht ebenfalls verloren. Es konnte wiederholt gezeigt werden, dass Rückmeldungen ein kostengünstiges Instrument für die Erhöhung von Sinnerfüllung im Job, Arbeitszufriedenheit und gefühlter Wertschätzung darstellen. Das HRM verfügt über alle Instrumente, um die Feedbackkultur im Unternehmen aktiv zu fördern – faktisch geschieht dies allerdings nur selten.

Insgesamt zeigt sich damit in den fünf untersuchten Bereichen – Personalstrategie, Personalplanung, Rekrutierung, Personalentwicklung und Personalführung – eine mittlere Qualität der HR-Arbeit. Während Standardprozesse und traditionelle Aufgabenbereiche weitestgehend mit hohen Reifegraden punkten, mangelt es insbesondere an der systematischen Ausrichtung auf die Umsetzung der Unternehmensstrategie sowie an der zukunftsorientierten Ausrichtung auf externe Marktveränderungen. Diese Feststellung wird durch einen Vergleich der Einschätzungen der Teilnehmer aus Personalabteilungen und Geschäftsführung unserer Umfrage weiter untermauert. Über die bereits dargestellten

---

[26] Vgl. Choi Sang & Lee Yean (2011); Griffeth, Hom & Gaertner (2000); Schulte-Deußen (2012); Zeytinoglu et al. (2013).

Ergebnisse hinaus baten wir die Befragten nach einer Einschätzung des Ausmaßes, in dem das HRM die Unternehmensleitung sowie -strategie beeinflussen kann. Neben einer insgesamt eher mittelmäßigen Bewertung fällt insbesondere auf, dass Personaler ihren strategischen Einfluss als geringer einschätzen als die Geschäftsführung und Führungskräfte aus anderen Bereichen diesen bewerten. Im Gegensatz dazu schätzen Personaler ihren Einfluss auf die Umsetzung klassischer Personalfunktionen sehr hoch ein. HR selbst sieht sich demnach immer noch mehr in der traditionellen Rolle als Betreuer der Mitarbeiter, denn als Stratege und Partner der Geschäftsführung. Dieses Eigenbild steht in starkem Kontrast zu der nach außen vermittelten Rolle als „exzellenter Business Partner", „strategischer Berater" sowie „Sparringpartner des Top-Managements" (Auszüge aus Webseiten von HR-Beratungen). Während also ein Bedeutungsaufschwung für HRM kommuniziert wird, leiden viele HR-Mitarbeiter unter einer subjektiv wahrgenommenen Kompetenzeinschränkung.

Stimmen aus der Praxis: HR zu administrativ unterwegs

Die zuvor erläuterten empirischen Ergebnisse zur Qualität der Personalarbeit diskutierten wir in deutschlandweiten Best Practice-Workshops mit Praxisvertretern (mit und ohne HR-Zuständigkeit) aus ganz unterschiedlichen Branchen. Die Resultate wurden außerdem in mehr als 20 Interviews mit (Top-)Managern aus Großunternehmen hinterfragt und validiert. Im Wesentlichen bestätigen die Einschätzungen unsere Untersuchungsergebnisse. Viele Geschäftsführer sind in mittlerem Maße zufrieden mit ihrem Personalbereich, was gerade in kleinen und mittleren Unternehmen bedeutet, dass sie zufrieden mit der administrativen Abwicklung von Personalprozessen sind. Zusätzlich wurde jedoch auch immer wieder deutlich, dass sich das Management in vielen Unternehmen ein höheres Maß an strategischer Einflussnahme durch das HRM wünscht, dazu aber betriebswirtschaftliche Kenntnisse und Verständnisse der Kerngeschäftsprozesse vermisst. Der (wahrgenommene) Mangel dieser Kompetenzen resultiert nach Aussage mehrerer Manager daraus, dass das HRM sich selbst immer noch als „Wohlfühlfunktion" und „Kümmerer" für Mitarbeiter sieht. Das Bewusstsein für die Korrelation aus HR-Performanz und Unternehmenserfolg könnte aus Sicht vieler Praktiker ausgebaut werden. Immer wieder hörten wir Kritik daran, dass sich das HRM zu sehr auf administrative Aufgaben konzentriert und die Beziehung zwischen effizienten Personalprozessen und gesamtbetrieblichen Erfolgsgrößen kaum berücksichtigt. In diesem Kontext wird auch eine engere Abstimmung mit den Fachbereichen gewünscht, damit wohlgemeinte HR-Konzepte nicht nur auf dem Papier stehen bleiben, sondern zum Gegenstand unternehmensweiter Diskussionen werden. Einige Praxisvertreter gehen sogar so weit, HR vorzuwerfen, dass es sich von den operativen Berichten „abschottet" und sich stattdessen mit (anglizistisch angehauchten) Trendthemen wie Diversity Management, Employer Branding oder Work Life Balance positioniert. Diese – aus Sicht der Fachbereiche – nicht vorrangig dringenden Felder verdrängen dann die Unterstützung durch HR in werttreibenden Themen wie Flexibilitäts-, Geschwindigkeits- und Effizienzsteigerung. Der Ruf von HR als isolierte Funktion, welche die „Sprache des Geschäfts" weder spricht noch versteht, leidet unter derartigen Unterstellungen in hohem Maße.

Auf der anderen Seite sind auch HR-Mitarbeiter selbst mit ihrer Rolle im Unternehmen oftmals unzufrieden. Die Aussage einer Personalerin aus einem DAX-30 Konzern verdeutlicht diese Problematik: „Früher konnten wir auf direktem Weg auf Anfragen vom Fachbereich reagieren und kurzfristige Mitarbeiterbedarfe decken. Heute müssen wir beim Shared Service Center anrufen und auf die Stellenfreigabe warten, während wir uns um andere, strategische Aufgaben kümmern sollen. Wir dürfen Konzepte entwickeln, während die eigentliche Personalarbeit ausgelagert wird – die Tätigkeitsaufwertung gibt es auf dem Papier, faktisch sind die Prozesse viel mehr standardisiert und vorgegeben als vor zwanzig Jahren." Diese Äußerung ist nicht repräsentativ und doch spiegelt sie exemplarisch wieder, was viele Personaler empfinden: Der strategische Beitrag von HR wird nicht wirklich gelebt, man ist mehr Spielball verschiedener Unternehmensinteressen als Gestalter der Strategieumsetzung. Das HR Management soll den steigenden Anforderungen der Unternehmensführung und Mitarbeiter bei gleichzeitig immer komplexer werdenden Rahmenbedingungen gerecht werden und fühlt sich häufig durch knappe Ressourcen und begrenzte Entscheidungsspielräume beschränkt. Die empfundene Bedeutungslosigkeit wird zur selbsterfüllenden Prophezeiung: Der HR-Bereich zieht sich auf konfliktarme Standardlösungen zurück, liefert wenig innovative Lösungen und wird damit in Bezug auf die Strategieumsetzung nicht ernst genommen. Die Autoren des Buches „Die Akte Personal" fassen diese Problematik pointiert zusammen: HR gibt dem Unternehmen das, was es (kurzfristig) braucht, statt das, was es (langfristig) will – die Frage, wie HR sich heute aufstellen muss, damit das Unternehmen auch morgen wettbewerbsfähig ist, wird kaum gestellt[27].

---

[27] Vgl. Spilker, Roehl & Hollmann (2014).

1.2 Nichts ist beständiger als der Wandel: Was kommt auf das HRM zu?

Bei unseren Recherchen für Forschungs- und Beratungsprojekte stellten wir wiederholt fest, dass die Autoren verschiedener Untersuchungen im Personalbereich die heutige Kritik an HRM darlegen (Tenor: Strategischer Beitrag zu gering) und daraus eine Handlungsagenda ableiten (Lösung: Wertbeitrag erhöhen). Um das HRM zukunftsfähig zu gestalten, reicht es allerdings nicht aus, nur den Status Quo zu betrachten. Vielmehr müssen bereits heute die künftig zu erwartenden Umfeldveränderungen in der HR-Arbeit berücksichtigt werden. Das HR Management darf nicht als Insel im Unternehmen existieren, sondern muss wandelnde Rahmenbedingungen kontinuierlich analysieren und, wenn notwendig, Handlungsimplikationen ableiten.

Um diese Lücke zu schließen und die künftig an HR-Bereiche gestellten Anforderungen zu systematisieren, kategorisieren wir die Kontextfaktoren der HR-Arbeit in die drei Ebenen (1) Markt, (2) Unternehmen und (3) Mitarbeiter. Ohne Anspruch auf vollständige Abbildung aller Trends entschieden wir uns auf Basis von Gesprächen mit zahlreichen Praxisvertretern sowie systematischen Inhaltsanalysen von Zukunfts- und Trendreports für jeweils drei zentrale Veränderungsfelder pro Ebene (s. Abbildung 5). Im Folgenden erläutern wir diese Einflussfaktoren und betrachten dabei insbesondere die Auswirkungen der Markt-, Unternehmens- und Mitarbeiterveränderungen auf die Kernanforderungen an HR-Bereiche.

1.2.1 Veränderungen auf Marktebene

Volatilität

Unternehmen müssen weltweit in einem komplexen und dynamischen Umfeld agieren. Ein Charakteristikum dieser veränderten Wirtschafswelt ist die zunehmende Volatilität. Darunter wird in der Statistik die kurzfristige Abweichung einer Zeitreihe um ihren Mittelwert verstanden. Übertragen auf den Unternehmenskontext bedeutet ein höheres Maß an Volatilität, dass zeitlich wiederkehrende Abfolgen ihre Regelmäßigkeit verlieren und entsprechend nicht mehr planbar werden. Dieser Wandel wird beispielsweise durch kurzzyklische Schwankungen am Finanzmarkt, die schnelle Veränderung von Beschaffungs- und Absatzmärkten oder beschleunigte Innovationsrhythmen spürbar. Für HR bedeuten diese Schwankungen einen ständigen Balanceakt zwischen

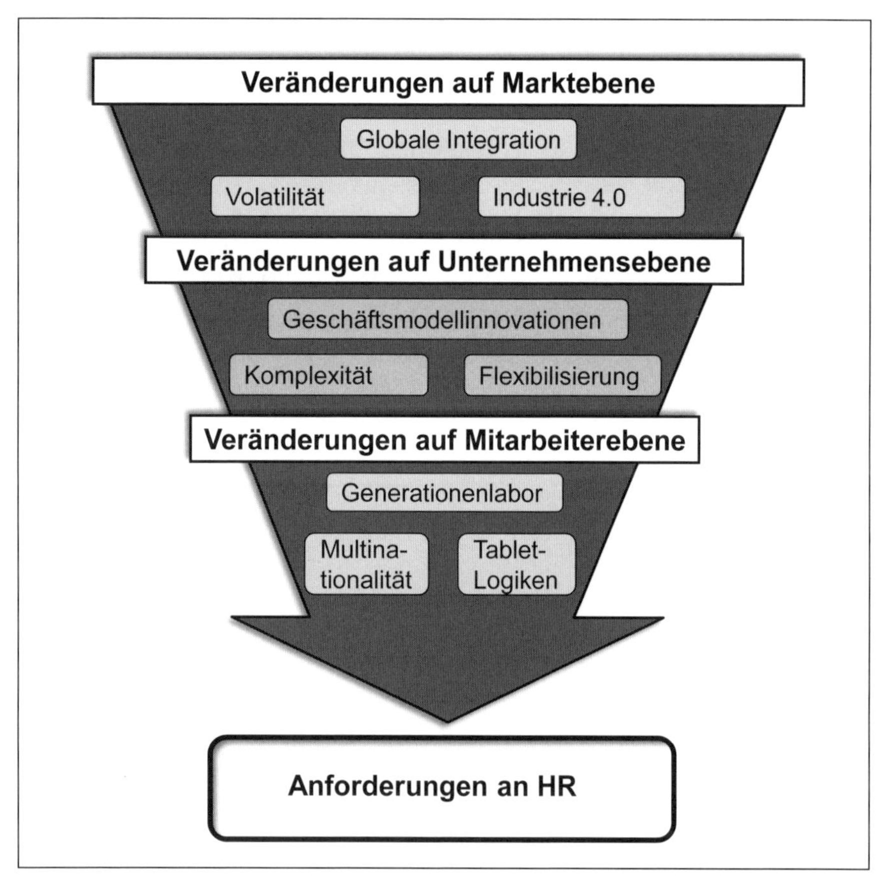

Abb. 5: Neue Anforderungen an HR-Bereiche durch Veränderungen auf Markt-, Unternehmens- und Mitarbeiterebene

der langfristigen Sicherung und Entwicklung von Personalressourcen sowie der kurzfristigen Anpassbarkeit der Mitarbeiterzahl.

Globale Integration

Die Internationalisierung der Geschäftstätigkeit gehört schon seit mehreren Jahrzehnten nicht mehr nur für Global Player, sondern auch für kleine und mittelständische Unternehmen zu den Kernbestandteilen ihrer strategischen und operativen Unternehmensplanung[28]. Durch den Abbau von Handelsbarrieren, die Verschmelzung von Märkten und den in vielen Bereichen internationalen Warenfluss agieren Unternehmen längst nicht mehr in einem rein nationalstaatlichen Kontext, wenn es darum geht, sich Zielmärkte zu erschließen und Wettbewerbsvorteile

[28] Vgl. Dehnen (2012).

zu sichern. Die Bedeutung geographischer Distanzen und unterschiedlicher Zeitzonen als Entscheidungsaspekte in Investitionsentscheidungen sinkt dank optimierter Transportwege und virtueller Arbeitsformen: Bei entsprechender Planung können Unternehmen 24 Stunden am Tag die gesamte Wertschöpfungskette ablaufen lassen. Beschaffung, Produktion, Handel und Vermarktung spielen sich innerhalb des „globalen Dorfes" ab und Unternehmen gehen auf internationaler Ebene in allen Aspekten der Wertschöpfung Arbeitsteilungen ein[29]. Diese Tendenz wird auch als globale Integration, also der Zusammenschluss weltweiter Aktivitäten von Unternehmen, bezeichnet. Für HR-Abteilungen bringt die Internationalisierung eine Vielzahl neuer Aufgaben mit sich, angefangen von der Entsendung, Begleitung und Re-Integration von Expatriates[30] bis hin zur Entscheidung, ob HR-Systeme in multinationalen Organisationen weltweit einheitlich oder lokal angepasst gestaltet werden sollen[31].

Industrie 4.0

Der Begriff der Industrie 4.0 wurde durch die Bundesregierung eingeführt, um die Informatisierung als Treiber der vierten industriellen Revolution begrifflich zu verankern. Durch moderne Technologien und die intelligente Vernetzung von Gegenständen mit dem weltweiten Datenverkehr („Internet der Dinge") verändern sich Produktions- und Dienstleistungssektor nachhaltig. Ein moderner Kühlschrank der Industrie 4.0-Welt informiert den Einzelhandel beispielsweise selbstständig, wenn der Besitzer die letzte Milchflasche entnimmt, woraufhin ein Mitarbeiter des lokalen Supermarkts dem per Smartphone informierten Postboten die benötigte Milchtüte mit auf den Weg gibt. Die Verschmelzung von physikalischer und virtueller Welt wird auch für die HR-Arbeit weitreichende Bedeutung haben – sowohl in Bezug auf die Auswahl und Entwicklung von Mitarbeitern mit den künftig benötigten Kompetenzen als auch auf die Gestaltung von Arbeitsmodellen in einer durch die Interaktion mit intelligenten Maschinen geprägten Arbeitswelt.

Marktebene: Implikationen für die Kernanforderungen an das HRM

Insgesamt nehmen die Geschwindigkeit und das Ausmaß von Veränderungen rasant zu. Die Globalisierung ermöglicht eine Beschleunigung der Produktion durch 24-Stunden-Wertschöpfung, verteilt über die gan-

[29] Vgl. Hotz-Hart & Rohner (2014).
[30] Für einen Überblick s. bspw. Deutsche Gesellschaft für Personalführung (2010).
[31] Vgl. Farndale et al. (2010); Manocha (2005).

ze Welt und eine kompetenzbasierte Arbeitsverlagerung. In Kombination mit der Informatisierung der Wirtschaftswelt – zusammengefasst im Schlagwort Industrie 4.0 – befinden wir uns in einer Welt nie dagewesener Vernetzung. Betrachtet man dagegen das HR-Management der meisten Unternehmen, so fällt auf, dass diese Funktion oftmals in starrer Organisation mit klaren Grenzen traditionellen Aufgaben nachgeht. Von Elastizität und Innovativität ist eher wenig zu spüren. Das HRM vertritt eine Binnenperspektive und passt sich (zeitversetzt) Veränderungen an, statt sie proaktiv zu gestalten. So entsteht eine Lücke zwischen fluider Umwelt und reaktionsverzögertem HR-Bereich.

Die Fähigkeit, auf Wandel, Trends und Schwankungen sowohl (1) zu reagieren als auch (2) diese aktiv zu gestalten, lässt sich mit einem Wort beschreiben: **Agilität**. In dem Begriff sind die benötigten Kernfertigkeiten in volatilen Umwelten – Reaktionsfähigkeit, Flexibilität, Kompetenz und Geschwindigkeit – vereint[32]. Wir verwenden diese Bezeichnung im Folgenden als Konglomerat für die genannten Definitionsbestandteile und fassen damit die aus veränderten Marktbedingungen resultierenden Kernherausforderungen für das HRM zusammen.

1.2.2 Veränderungen auf Unternehmensebene

Geschäftsmodellinnovationen

Das Geschäftsmodell eines Unternehmens definiert den Nutzen, den seine Produkte und/oder Dienstleistungen für Kunden und Partner erzielen. Dieser Nutzen sorgt für die Differenzierung gegenüber Wettbewerbern und stellt ein Alleinstellungsmerkmal dar. Außerdem beschreibt das Geschäftsmodell, wie dieser Nutzen erstellt und überliefert wird und auf welche Art und Weise das Unternehmen durch die Nutzenerstellung Umsatz und Profit erzielt[33]. Bei Geschäftsmodellinnovationen werden wesentliche Elemente des Modells verändert oder weiterentwickelt, was eine neue Zusammensetzung des Angebots von Produkten und/oder Dienstleistungen zur Folge hat. Ziel bleibt die Befriedigung von (neuen oder verdeckten) Kundenbedürfnissen[34]. Beispiele wie Amazon zeigen, dass Geschäftsmodellinnovationen wahre Marktrevolutionen zur Folge haben und ganze Industrien verändern können. Als Online-Buchhändler gestartet, weitete das Unternehmen sein Angebot innerhalb weniger Jahre systematisch aus und führte einen virtuellen Marktplatz für Drittanbieter

---

[32] Vgl. Sharifi & Zhang (1999).
[33] Vgl. Osterwalder & Pigneur (2010).
[34] Vgl. Schallmo (2014); ein Definitionsüberblick zu Geschäftsmodellinnovationen findet sich bei Jansen & Mast (2014).

verschiedenster Produkte ein. Es folgten Erweiterungen im Geschäftsmodell mit Angeboten in den Bereichen Cloud-Service und digitale Medien – Aktivitäten mit Folgen weit über die Buchbranche hinaus[35]. Mit der Veränderung der zentralen Geschäftstätigkeiten werden oftmals andere Kompetenzprofile der Mitarbeiter benötigt und neue Zusammenarbeitswege etabliert. Aufgabe des Personalmanagements ist unter anderem die Rekrutierung neuer Fachkräfte und/oder Entwicklung bestehenden Personals zur Erfüllung der veränderten Personalbedarfe. Gleichzeitig kann damit auch die Notwendigkeit der Entlassung oder Versetzung der Stammbelegschaft einhergehen, wenn deren Erfahrungen den Anforderungen des neuen Geschäftsmodells nicht Genüge tragen.

Komplexität

Komplexität bedeutet zunächst, dass Dinge miteinander verflochten sind und einzelne Elemente miteinander zusammenhängen. Nach systemtheoretischer Auffassung bestimmt die Anzahl an Elementen, die Anzahl an Wechselwirkungen sowie die Art von Wechselwirkungen die Komplexität eines Systems, z. B. des Wirtschaftssystems[36]. Gerade in der Weltwirtschaft ist zu beobachten, dass die Wechselwirkungen ihrer „Elemente" immer weitreichender geworden sind und die Veränderungsdynamik exponentiell zugenommen hat. Dies lässt sich beispielsweise an den globalen Auswirkungen lokaler politischer Entscheidungen, Investitionsblasen mit weltweiten Finanzgebern oder auch der weltweiten Verpflechtung von Beschaffungs- und Absatzmärkten festmachen (siehe auch Kapitel 1.2.1.: Volatilität). Unternehmen stehen heute aufgrund der zunehmenden Globalisierung, des technologischen Fortschritts und wachsender Kundenerwartungen bei steigender Marktdynamik vor der Herausforderung, Komplexität zu beherrschen und/oder sie zu reduzieren[37]. Die Vielzahl an Informationen und die Fähigkeit zum selektiven Umgang mit dem Datenüberfluss können Strategieentscheidungen nachhaltig beeinflussen. Zentrale Aufgabe von Unternehmen ist daher, ein funktionierendes, unternehmensweites Komplexitätsmanagement einzuführen. Für die Sub-Funktion HR gilt diese Anforderung gleichermaßen: Je größer der Beitrag eines Unternehmensbereichs zum Umgang mit Komplexität und Unsicherheit, desto höher ist tendenziell die Anerkennung und Machtposition im Unternehmen[38]. Beiträge zur Unsicherheitsreduktion werden beispielsweise

[35] Vgl. Mezger & Bader (2014).
[36] Vgl. Milling (1981).
[37] Vgl. Schoeneberg (2014).
[38] Vgl. Hickson, Hinings, Lee, Schneck & Pennings (1971); Reichel & Lazarova (2013).

durch eine langfristige, elaborierte Personalplanung sowie Instrumente zur Reduktion der Mitarbeiterfluktuation geleistet.

Flexibilisierung

Zunehmende Globalisierung, technologischer Fortschritt und wachsende Kundenerwartungen haben zur Folge, dass Unternehmen vor höhere Flexibilitätsanforderungen gestellt werden. Es gilt, Produkte und Dienstleistungen zu individualisieren, um der Vielzahl an Kundenbedürfnissen gerecht zu werden. Die Auswirkungen dieser Anforderungen werden deutlich, wenn man den Online-Konfigurator eines bekannten deutschen Automobilherstellers näher betrachtet. Aus 1.020 Möglichkeiten, Extras für den persönlichen Wunschwagen zu kombinieren, werden etwa 100.000.000.000.000.000.000 Optionen, wie das Auto später aussehen kann. Diese umfangreiche Individualisierbarkeit bewirkt, dass die klassische Wertschöpfungskette regelrecht zergliedert wird und entsprechend anpassbar gestaltet sein muss. Die fortschreitende Globalisierung, die Verschärfung des internationalen Wettbewerbs und der demographische Wandel haben ebenfalls eine Flexibilisierung der Arbeitswelt zur Folge. Steigende Mobilität, sinkende Mitarbeiterbindung sowie veränderte Arbeitsformen und -verhältnisse zeugen von diesem Trend[39]. Das HRM muss in diesem Kontext im Spannungsfeld von maximaler Flexibilisierung der Belegschaft und langfristiger Sicherung von Kernkompetenzen agieren. Dieser Widerspruch ist nur schwer lösbar: Während ein hoher Anteil von Zeitarbeitnehmern oder Freelancern schnelle Anpassungen der Belegschaftsstruktur ermöglichen, sind für den Aufbau und die Sicherung von unternehmensspezifischen Expertenwissen oftmals längerfristige Beschäftigungsverhältnisse notwendig.

Unternehmensebene: Implikationen für die Kernanforderungen an das HRM

Unternehmen müssen immer mehr von ihren traditionellen Organisationsformen abweichen und sich flexibel an kontinuierliche Wandlungsprozesse anpassen. Kunden und Zulieferer werden in den Innovationsprozess eingebunden, die Grenzen zwischen „innen" und „außen" lösen sich auf. Die steigende Komplexität der Märkte und widersprüchlichen Anforderungen von Stakeholder-Gruppen führen zur Verfestigung des Unfesten: Das Ende der Steuerbarkeit ist erreicht. In einer unbeständigen Welt machen detaillierte Produktionspläne für die nächsten Jahre wenig Sinn, das Management kann lediglich die grobe Steuerungsrichtung vorgeben. Die Bekanntheit und Verbindlichkeit dieses Rahmenwerks ist

[39] Vgl. Schmicker, Wagner, Glöckner, Großholz, Richter, Voigt (2013).

allerdings zentral für den Unternehmenserfolg. Nur wenn eine grundlegende Koordinationsrichtlinie vorliegt, können die einzelnen Abteilungen selbstständig agieren, mit externen Partnern kooperieren und trotzdem auf ein gemeinsames Ziel zulaufen[40]. Vor diesem Hintergrund wird die **Verankerung der Unternehmensstrategie** in den Köpfen der Führungskräfte und Mitarbeiter wichtiger denn je. Der HR-Bereich muss als Expertenverbund für Kultur- und Strukturveränderungen diesen Prozess begleiten. Nachhaltiger Erfolg der Unternehmensstrategie gelingt nur wenn die Belegschaft die Grundlinie akzeptiert und sich damit identifiziert. Das HR Management verfügt über die notwendigen Antennen und Instrumente, um Problemfelder rechtzeitig zu erkennen und durch Einbindung der Mitarbeiter, Neugewinnung oder Personalentwicklung zu adressieren. Der HR-Bereich kennt oftmals die Schlüsselpositionen, die mit Promotoren zu besetzen sind, um größere Mitarbeitergruppen von einer Neuausrichtung zu überzeugen. Diese Kompetenzen werden benötigt, um in modularisierten Organisationsformen eine gemeinsame Linie zu garantieren – kurzum: Die sich auf Unternehmensebene ergebende Kernanforderung der Strategieumsetzung anzugehen.

1.2.3 Veränderungen auf Mitarbeiterebene

Generationenlabor

Momentan befinden sich mindestens drei (je nach Definition auch mehr) Generationen in der Arbeitswelt: Die Generation Y (18–30 Jahre), Generation X (31–50 Jahre) sowie die Baby Boomer Generation (50+ Jahre). Das Zusammenarbeiten von Arbeitnehmern unterschiedlichster Altersgruppen gehört in den meisten Unternehmen mittlerweile zum Alltag. Die Konsequenzen aus dem demografischen Wandel – also der zunehmenden Alterung der Gesellschaft bei gleichzeitigem Rückgang der jüngeren Altersgruppen aufgrund niedriger Geburtenraten – wurden bereits intensiv diskutiert[41] und implizieren für Unternehmen:

(A) Die absolute Zahl der Erwerbstätigen in Deutschland sinkt deutlich (Abnahme um 7,5 Mio. in den nächsten 20 Jahren[42]).

(B) Die Altersstruktur verschiebt sich in Richtung eines höheren Durchschnittsalters der erwerbstätigen Bevölkerung („20/20-Regel“: In

---

[40] Vgl. Drucker (2001).

[41] Vgl. Bundesministerium des Inneren (2011); Sachverständigenrat zur Begutachtung der gesamtwirtschaftlichen Entwicklung (2011); Schirrmacher (2004); Statistisches Bundesamt (2009).

[42] Kalinowski & Quinke (2010), S. 121.

zehn Jahren gibt es plus 20 % Arbeitnehmer zwischen 50–64 Jahren sowie minus 20 % Arbeitnehmer zwischen 35–49 Jahren).[43]

Mit der Alterung der Belegschaft bei gleichzeitiger Notwendigkeit der Bindung junger Fachkräfte ergeben sich für das HRM nicht nur neue Herausforderungen in der Ausrichtung der Personalarbeit auf die Anforderungen der unterschiedlichen Gruppen, sondern auch in der Förderung einer generationenübergreifenden Zusammenarbeit. Die Vielfalt der Lebensentwürfe nimmt in allen Generationen zu, sodass traditionelle Karriere- und Vergütungslogiken schon bald der Vergangenheit angehören werden.

Multinationalität

Trotz der bereits lange zu vernehmenden Rufe nach ausländischen Fachkräften für die Sicherung der Wettbewerbsfähigkeit und trotz zahlreicher, entsprechender Initiativen durch die Bundesregierung darf eine Tatsache nicht verschwiegen werden: Die Integration internationaler Bewerber ist in deutschen Unternehmen noch nicht wirklich angekommen. Während einige Großkonzerne Englisch als Unternehmenssprache etabliert haben und auch tatsächlich einen beträchtlichen Anteil ausländischer Arbeitnehmer in Deutschland beschäftigen, zeigen unsere Untersuchungen eindeutig, dass die meisten Firmen nicht ernsthaft über diese Option nachdenken. In der im vorherigen Kapitel angesprochenen Studie unter Einbezug von 662 vor allem kleiner und mittelständischer Unternehmen erhielt die Gewinnung und Bindung europäischer Fachkräfte eine der niedrigsten Relevanzbewertungen aller untersuchten Personalinstrumente und wurde damit im Durchschnitt als „eher unwichtig" bewertet. Kaum ein Unternehmen hatte diese Form der Personalrekrutierung ausprobiert. Diese Risikoaversion wird sich spätestens dann ändern (müssen), wenn die Auswirkungen des demografischen Wandels auf die vorhandene Fachkräftezahl noch deutlicher spürbar werden.

Tablet-Logiken

Die Metapher der Tablet-Logik beschreibt die sich verbreitende Eigenart, Inhalte nur für eine kurze Zeit zu verfolgen – sobald sich Langeweile einstellt, wird wie auf dem elektronischen Tablet das Thema gewechselt. Zum einen findet sich diese Einstellung bei der nachfolgenden Talentgeneration: Ihre Bereitschaft zum Arbeitgeberwechsel ist deutlich höher ausgeprägt als die vorangegangener Generationen. Zum anderen bezieht sich die Logik auch auf den Anspruch der Arbeitnehmer an individuelle Tätigkeitsgestaltung und die eigenständige Auswahl von

---

[43] Trost (2012), S. 9.

„Anwendungen" wie Personalentwicklung, Arbeitszeitmodellen oder Vergütungssystemen. Nicht zuletzt steht das Tablet für die Entgrenzung von Arbeit, bei der Tätigkeiten jederzeit und an jedem Ort ausgeführt werden können. Diese veränderten Rahmenbedingungen verlangen kreative Antworten durch das HRM, um die positiven Möglichkeiten dieser Arbeitsformen nutzbar zu machen und negative Folgen, wie psychische Überlastungen durch ständige Erreichbarkeit und Informationsüberfluss, zu vermeiden.

Mitarbeiterebene: Implikationen für die Kernanforderungen an das HRM

Die Pluralisierung der Lebensformen resultiert in einem Erwartungskaleidoskop der Anforderungen von Arbeitnehmern. Mitarbeiterbedürfnisse sind nur schwer vorhersehbar. Mit jeder neuen Kombination aus Generationenhintergrund, Nationalität, Ausbildungsabschluss, Geschlecht, Familienstand und weiteren Merkmalen ergibt sich ein neues Wunschbild an den Arbeitgeber. Während Lebens- und Karrierewege früher vergleichsweise standardisiert verliefen, sind Unterschiede heute die Normalität. Wenn vom Auto bis zur Zahnbürste alles nach Kundenwunsch individualisiert gestaltet werden kann, ist naheliegend, dass Arbeitnehmer diese Anforderung auch auf ihre Stelle übertragen. Das HR Management muss damit auf Mitarbeiterebene eine Kernaufgabe erfüllen: Die **konsequente Individualisierung** des gesamten HR-Leistungsspektrums.

1.2.4 Exkurs: Die Rolle von HR in der Zukunft von Dr. Michael W. Müller

Dr. Michael W. Müller ist seit 2012 geschäftsführender Partner der Magility GmbH & Co. KG. Er ist promovierter Ingenieur und hat in München, Hannover und Wien studiert. Dr. Müller war 10 Jahre in der Pkw-Entwicklung von Mercedes-Benz tätig, arbeitete 4 Jahre in der Daimler-Zentrale im Bereich Executive Management Development und führte 12 Jahre lang die Mercedes-Benz Technology Consulting als Geschäftsführer. Er beschäftigt sich seit 1978 mit den Themen Führung, Mensch und Organisation. Seine Schwerpunkte sind hierbei die Gestaltung neuer, agiler und internationaler Geschäftsmodelle, Kompetenz-Management, Knowledge-Management, innovative Produkt- und Prozesstechnologien, agile Entwicklungs- und

Produktionsprozesse sowie Transformations-Management. Er unterrichtet an mehreren Hochschulen und ist Mitglied von Gremien in verschiedenen Verbänden.

In seiner täglichen Arbeit befasst sich Dr. Müller umfassend mit der Zukunftsausrichtung einzelner Unternehmensbereiche oder ganzer Organisationen, sodass wir ihn um einen Impulsbeitrag zu folgenden Fragen baten: *Wenn Sie Produktentwickler für das HR Management wären und das Abrutschen von HRM in die Bedeutungslosigkeit vermeiden sollten – wie würden Sie den HR-Bereich gestalten? Was sind die Aufgaben und Rollen von HR in der Zukunft?*

Die weltweit zunehmende Ressourcenknappheit betrifft nicht nur Rohstoffe, fossile Energien, Boden und Wasser, auch qualifizierte und motivierte Menschen werden zunehmend knapper. Somit werden die sog. „Human Resources" oder besser die Mitarbeitenden in der heutigen „Knowledge Society" mehr denn je zum Schlüsselerfolgsfaktor von Unternehmen. Der gesamte Tätigkeitsbereich des Personalmanagements und des Employer Brandings ist daher schon heute Teil des strategischen Managements.

Das Personalmanagement ist bereits heute nicht nur Aufgabe des HR-Bereiches, sondern wird überwiegend von Führungskräften aktiv mitdefiniert, ausgestaltet und umgesetzt. Der HR-Bereich soll die organisatorischen und prozessualen Rahmenbedingungen für optimales Personalmanagement schaffen. Er passt sich allerdings oft nicht flexibel genug an neue Rahmenbedingungen an, wächst selten mit der Marktdynamik und reagiert daher eher zu langsam und zu träge – besser wäre es, wenn HR agil und präventiv agieren würde. In diesem Spannungsfeld leben und arbeiten Führungskräfte, der „betreuende" HR-Bereich und die „betreuten" Mitarbeitenden, die oft an dem ganzen Spiel nur bedingt beteiligt sind. Die Erwartungshaltungen sind sehr different und die gegenseitige Wertschätzung sowie praktizierte Kommunikationskultur zwischen den Akteuren gestaltet sich entsprechend schwierig.

Wie wird sich die Arbeitsverteilung im Rahmen des Personalmanagement in der Zukunft entwickeln und welchen Trends wird der HR-Bereich ausgesetzt sein?

Hochagile und internationale Firmen der Economy 5.0, wie z. B. Google, gestalten ihre innovativen Geschäftsmodelle zunehmend nach volkswirtschaftlichen Kriterien aus und prägen parallel technologische Megatrends. Die Schlüsselerfolgsfaktoren der Economy 5.0 sind globale Wertschöpfungsnetzwerke, Top Infrastrukturen, eindeutige Governance Systeme, exzellent ausgebildete und motivierte

Menschen, ein hervorragender Kapitalstock, schneller Zugriff auf Ressourcen und Informationen, agile Forschungs- und Innovationsstrukturen sowie ein funktionierendes Geld- und Finanzsystem.

Die in der Economy 5.0 ab 2020 vorherrschenden technologischen Kompetenzen sind Digitalisierung, Big Data Management, Artificial Intelligence, Robotics incl. Autonomes Fahren, Nanotechnologie, Biotechnologie incl. Gentechnik, Bioinformatik, Humanmedizin und Pharmazie, Medizingerätetechnik, Neurowissenschaften, Energie Management, Umweltschutz Systeme, mobile Internet-Netzwerke und Applikationen, Computing, Design und Digitale Produktion im Sinne von Industrie 4.0.

Die zukünftig erfolgreichen Firmen werden sich mit ihren jeweiligen Geschäftsmodellen, Produkten und Services an den Knotenpunkten dieser Technologien mit ihren Netzwerken positionieren. Die globale Antizipation dieser agilen Geschäftsmodelle und Technologien sowie die Umsetzung dieser Trends in organisatorische und individuelle Kompetenzen wird die zentrale Aufgabe des HR-Bereichs in der Zukunft sein. Unternehmensentwicklung und Kompetenzentwicklung werden damit im Fokus stehen. Das HRM muss hierzu in unterschiedlichen Aktionsebenen proaktiv und agil handeln, um die Erreichung der unternehmerischen Ziele abzusichern. Leadership, Kultur, Strategie, Prozesse, Organisation, Kompetenzen sind die Instrumente – die Mitarbeitenden stehen dabei im Mittelpunkt.

Der HR-Bereich ist somit der Verantwortungsträger für die nachhaltige Gestaltung von Unternehmensveränderungen durch ganzheitliche Kompetenztransformation. Hierzu sind spezifische Transformationskulturen aufzubauen und zu nähren. Das HRM muss Change-Initiativen und Projekte beherrschen, Organisation und Abläufe optimieren, Führung gestalten und Mitarbeitende befähigen.

Deshalb wird das Aufgabenfeld des HR Managements in 2020 im Schwerpunkt folgende Themen umfassen: Entwicklung und Implementierung von agilen Business Models, Gestaltung und Einführung von auf Menschen fokussierten Führungs- und Steuerungssystemen, Innovationsmanagement für Treibertechnologien, Steuerung von betrieblichen und unternehmensübergreifenden Kompetenz-Portfolios, strategische internationale Personalentwicklung, Management der Organisations- und Prozessentwicklung sowie Steuerung des Transformations-Managements. Der HR-Bereich ist damit zentraler Teil des Managements und Personalmanagement eine Schlüsselaufgabe des gesamten Top Management-Teams.

Die besonderen Stärken von HR in diesem Kontext werden sein:

- Kombination von Business Model-Innovation und Kompetenzentwicklung
- Agile Transformations-/Change-Begleitung (Begleitung vom Ist- zum Sollzustand)
- Umsetzungs- und Nachhaltigkeitsorientierung
- Kombination von Branchen-Erfahrung als Führungskraft oder Unternehmer, als Berater und als Coach/Trainer
- Sozialkompetenz und interkultureller Adaptionsfähigkeit
- Entwicklung hin zu einer lernenden Organisation mit leistungsfähigem Netzwerk und
- Anbindung an die zukunftsträchtigen Wissenschaften.

Das HRM ist aber nicht nur der firmeninterne Enabler für ein einzelnes Unternehmen, es muss alle Stakeholder in diesen Transformationsprozess integrieren und auch außerhalb des Unternehmens das Netzwerk steuern.

Damit der HR-Bereich diese Rolle zukünftig authentisch wahrnehmen kann, muss er auch selbst seine Führungs- und Management-Qualität steigern, die richtigen HR-Talente an Bord bekommen und sich selbst frühzeitig einem nachhaltigen HR-Change- und Transformationsprozess aussetzen. Denn auch HR-intern gilt die Grundherausforderung: Erforderliche Veränderungen müssen mit einhergehender Kompetenzentwicklung verknüpft werden, um dem Wettbewerbsdruck standzuhalten. Wichtiger Erfolgsfaktor ist dabei die Integrität der HR-Mitarbeiter. Der häufig zitierte, von Heinrich Heine stammende bildhafte Ausspruch "Öffentlich Wasser predigen und heimlich Wein trinken", muss auch für HR-Verantwortliche der Vergangenheit angehören. Die HR-Vorbildrolle und der HR-Transformationsprozess werden somit zur Grundlage für ein erfolgreiches firmenübergreifendes Personalmanagement in der Zukunft. Die HR-Rolle muss sich antizipativ, dem zukünftigen Geschäftsmodell des Unternehmens entsprechend wandeln. Das Management der HR-internen Veränderungskultur wird die zentrale Aufgabe aller HR-Leiter sein.

1.2.5. Exkurs: Eine kurze Zeitreise in das Personalmanagement von morgen

Gerhard Maier ist Absolvent der Sozial- und Verwaltungswissenschaften an der Universität Konstanz und war von 1991 bis 1998 in der Personal- und Organisationsentwicklung größerer Unternehmen beschäftigt. Er arbeitete in der zentralen Führungskräfteentwicklung der Merce-

des-Benz AG (Stuttgart), im Bereich Personalmarketing/Personalentwicklung der Konzernzentrale der Deutschen Lufthansa AG (Frankfurt) und in der Organisationsentwicklung Europa bei TRW Automotive Electronics (Radolfzell). Im Anschluss daran sammelte Herr Maier weitere Erfahrung als Personalmanagement-Berater bei Towers Watson (Frankfurt) sowie als ‚Human Capital'-Berater bei Arthur Andersen (Düsseldorf). Seit 2000 ist Gerhard Maier nun als selbständiger Unternehmensberater aktiv und fungiert in der 2006 gemeinsam mit Gerhard Nagel gegründeten Beratungsgesellschaft Nagel.Maier. Partner als Geschäftsführender Gesellschafter. Herr Maier ist Gastdozent an der European School of Business in Reutlingen, an der Universität Witten/Herdecke und an der Zeppelin University Friedrichshafen. Darüber hinaus leitet er den Lehrbereich „Veränderungsmanagement im Gesundheitswesen" an der DHBW Ravensburg.

Gerhard Maiers Schwerpunktthemen sind die Unterstützung von Strategieentwicklungsprozessen, die Begleitung sensibler kultureller Veränderungsprojekte und die zentralen Themen der Entwicklung und Bindung von Führungskräften und weiteren erfolgskritischen Mitarbeitergruppen. Bereits seit einigen Jahren beschäftigt sich Gerhard Maier parallel zu seinen Kundenaufträgen mit einem Projekt zur Zukunft unserer Lebens- & Arbeitswelten 2025+ – trends4business (www.trends 4business.com). Aufbauend auf diesem Interessengebiet stellten wir ihm die Frage, wie Personalarbeit in Zukunft gestaltet sein muss und baten ihn um eine polarisierende Antwort.

Man muss kein STAR WARS-Anhänger sein, um bislang ungeahnte Zukunftsfantasien Wirklichkeit werden zu lassen. Ein Blick in die Trend- und Forschungslabore dieser Welt reicht aus, um die Faszination Zukunft zu verspüren – eine Zukunft, in der …

… Touristen den Weltraum erobern

… Nahrungsmittel künstlich die Gesundheit fördern

… über 4 Mrd. Menschen das Internet unternehmerisch nutzen

… menschliche Erinnerungen auf Festplatten gespeichert werden

… Spezial-DNAs auf eBay gehandelt werden und

… Roboter 90 % der Haushalte unterstützen sowie ganze Berufsgruppen ersetzen

(in Anlehnung an Sven Gábor Jánszky/Lothar Abicht „2025 – So arbeiten wir in der Zukunft")

Welchem Wandel werden in Zukunft unsere Gesellschaft und Wirtschaft unterliegen? Eine kleine Auswahl relevanter Perspektiven …

- Unser Alltag der Zukunft – ob im ‚Smart Home' oder im ‚Co-Working Space' – ist geprägt durch eine Vielzahl technologischer Hilfssysteme, analysierender Datenquellen und pragmatischer Handlungshilfen.
- Mobilität geschieht emissionsfrei, intelligent vernetzt und flexibel, ‚Mobility Flatrates' für Straßen, Radwege, Schienen und die Luft ersetzen den Besitz von Fahrzeugen.
- Energie wird im Verbrauch extrem reduziert, überwiegend dezentral produziert mithilfe regenerativer Energiequellen in den Haushalten bzw. in Minikraftwerken und in zunehmendem Maße direkt vor Ort zwischengespeichert.
- Industrie und Dienstleistungen wachsen immer stärker zusammen, neue Branchen rund um die Kernbedarfe Gesundheit und Ernährung, Wohnen und Leben, Sicherheit und Freizeit und Kultur schaffen hunderttausende neue Arbeitsplätze.
- Beschäftigungs- und Berufswechsel werden zur Regel, ‚Arbeitsschwärme' als flexible Einheiten mit gemeinsamen Zielen und temporären Aufgaben ersetzen mehr und mehr normale Arbeitsverhältnisse, Innovation entsteht in hochagilen Experimentierlaboratorien.
- Laut einer Studie der Boston Consulting Group fehlen 2030 in Europa mehr als 45 Mio. Beschäftigte, bereits 2015 in Deutschland 250.000. Bis zu 2,4 Mio. Frauen bei besseren Work-Life-Ansätzen sowie bis zu 1,2 Mio. gering wie hoch qualifizierte Erwerbsfähige aus Osteuropa bilden ein dringend benötigtes Potenzial zur Kompensation.

Welche spürbaren Veränderungen werden in diesem Zuge unsere Unternehmen erfahren?

Neue Mitarbeitergenerationen prägen zukünftig in bislang unbekanntem Ausmaß die Unternehmenskulturen. Mit konsequent gelebter und eingeforderter Individualität wirken sie als atmende Belegschaften im Kern und in der Peripherie von Unternehmen, permanente Vernetzung über die juristischen Firmengrenzen hinweg bildet den „sozialen Klebstoff" der Unternehmen von morgen, modernste digitale Technologien gehen im Alltag eine teils skurrile Fusion ein mit altbewährten Werten wie der Sehnsucht nach Sicherheit.

Die Kommunikation in den Unternehmen und in deren Wirkungsumfeld wird sich in einer permanenten Bewegung zwischen digitalen Subwelten und persönlichem Miteinander bewegen.

Exemplarisch ergab der Jugenddialog 2020 der Stiftung Mercator als ein Zukunftsthema der 16- bis 23-Jährigen: „Wir müssen wieder mehr Kommunikation ‚face to face' wagen!".

Und auch die Mitarbeiterführung in den Unternehmen wird sich in Folge der dargestellten Trends und Veränderungen grundlegend verändern: Mit Blick auf die Führenden wird sie deutlich weiblicher, mit Blick auf die Geführten spürbar individueller, mit Blick auf die Instrumente digitaler, agiler und demokratischer. Die Führungs-Werkzeugkisten der Vergangenheit werden dazu nur noch sehr eingeschränkt taugen.

Wer wird die anstehenden Veränderungen verantwortlich steuern und voranbringen?

Zentraler Katalysator und Treiber dieser wesentlichen Trends und Veränderungen wird in erheblichem Maße das Personalmanagement in den Unternehmen sein – nicht primär in Form einer Abteilung, sondern im Sinne einer Grundhaltung und als Verantwortung und Aufgabe der Führungskräfte, letztlich aller Mitarbeiterinnen und Mitarbeiter. Strategisch geprägte Aufgabe des Personalmanagements wird es sein, zentrale relevante Trends und Entwicklungen der Lebens- und Arbeitswelten aufzuspüren und in für die Unternehmen und deren Mitarbeiter realisierbare Ansätze und Aktivitäten zu transformieren.

In Anlehnung an eine Studie der Deutschen Gesellschaft für Personalführung (DGFP) begegnet in diesem Sinne die Personalarbeit von morgen dem Zukunftstrend „Demographischer Wandel" insbesondere dadurch, dass ein professionelles betriebliches Gesundheitsmanagement etabliert und die extern sichtbare wie intern spürbare Attraktivität als Arbeitgeber systematisch sichergestellt wird. Darüber hinaus sichern ein strukturiertes Wissens- und Ideenmanagement sowie die Förderung der Beschäftigungsfähigkeit den zukunftsbewussten Umgang mit dem längst eingeläuteten demographischen Wandel.

Den „Wertewandel" als weiteren Trend greift die Personalarbeit auf durch verbindliche, an die wandelnden Wertewelten ‚angedockte' Verhaltenskodizes für alle kulturprägenden Akteure im Unternehmen und ein Diversity Management, das auf der kompletten Klaviatur der Diversitätsparameter spielt. Ein Personalmanagement, das sich an den jeweils aktuellen Lebensphasen der Mitarbeiter orientiert und gesellschaftliches Engagement des Unternehmens forciert, setzt ergänzende Maßstäbe im Umgang mit wesentlichen Trends und Veränderungen.

Nicht zuletzt dem Trend der „Digitalisierung & Virtualisierung der Arbeit" begegnet eine fortschrittliche Personalarbeit durch eine breite Professionalisierung im Umgang mit neuen Technologien und Elemente einer gezielten virtuellen Mitarbeiterführung. Weitere Ansätze zur Etablierung einer ‚Enterprise 2.0'-Kultur und neuer Führungsmodelle spielen darüber hinaus eine bedeutsame Rolle in der Personalarbeit der Zukunft.

Welche konkreten Themen und Handlungsfelder ergeben sich daraus für das Personalmanagement der Zukunft?

Das Fundament eines zukunftsgerechten Personalmanagements bildet eine ebenso multiethnische wie interdisziplinäre Ausrichtung der Firmen- und Führungskultur. ‚Silodenke' in national-kultureller wie fachlicher Hinsicht weicht einer nahezu grenzenlosen Offenheit gegenüber weiteren Nationalitäten und Kulturen sowie einer permanenten Bündelung und Bereitstellung vielfältigster Hintergründe, Erfahrungswerte und Kompetenzen.

Zur Gewinnung und Trennung von erfolgsrelevanten Jobnomaden implementieren Unternehmen ein ‚magnetisches' Personalmarketing. Mithilfe einer gesunden Mischung aus digitalen und analogen Kommunikationsmedien sorgen sie für eine hohe, in relevanten Bewerberclustern spürbare Anziehungskraft als Arbeitgeber. Für Mitarbeiter mit hoher Bindungsattraktivität gewährleisten sie jederzeit erlebbare Bindungsströme, die eine Abnabelung dieser Mitarbeiter nur mit extrem hoher Anstrengung weiterer Firmen oder aufgrund starker, nicht beeinflussbarer Faktoren beispielsweise aus dem Privatleben zustande kommen lassen. ‚HR Retention Task Forces' dienen bei plötzlichem Bindungsverlust als akute Einheiten zur Wiedergewinnung einer starken Bindungswirkung.

Bei geringerer Attraktivität der Mitarbeiter setzt ein offener, fairer Entkoppelungsprozess ein, der ein wiederholtes ‚Andocken' beider Seiten zu einem späteren Zeitpunkt jederzeit ermöglicht. Zur weiteren Kontaktpflege dient ein professionelles Customer Relationship Management als Vorbild für Human Relationship Managementaktivitäten.

Zentrale Faktoren für das Management der ‚Human Relationships' respektive zur Sicherung der Mitarbeiterbindung sind dabei mit Blick in die Zukunft:

- ein Arbeitsplatz, der gemäß modernster gruppendynamischer und ergonomischer Erkenntnisse nahe am Bedarf der Mitarbeiter gestaltet ist,

- eine Teamkultur, die durch eine hohe Kollegialität, vertrauensvolle Kommunikation und eine emphatische Erkennung und Lösung von Konflikten geprägt ist
- eine Mitarbeiterführung, die gute Arbeit wertschätzt, motivierende Rahmenbedingungen für hohe Leistung und kontinuierliche Verbesserung sowie Transparenz zu Führungsentscheidungen erzeugt
- eine Unternehmenskultur, die den Spagat zwischen individuellen Werten und Verhaltensweisen der Mitarbeiter und einem ‚gemeinsamen kulturellen Nenner' stemmt
- ein Umfeld der Gesundheit, mit einem gesundheitsfördernden Arbeitsumfeld und bedarfsgerechten Maßnahmen bei gesundheitlicher Beeinträchtigung
- eine gelebte Familienfreundlichkeit zur Vereinbarkeit von Familie und Beruf, mit einer hohen Arbeitszeit- und Arbeitsortflexibilität und der Re-Integration nach familiären Verpflichtungen
- eine bewusste Mitarbeiterintegration in den ersten 100 Tagen mithilfe von Vorgesetzten, Paten und/oder Kollegen, mit einer fachlicher Integration, sozialen Kontakten und einer klaren Interessenvertretung über die Einführungsphase hinaus
- eine Personalentwicklung, die bei einem hohen Mitgestaltungsgrad durch die Mitarbeiter persönliche Interessen zur Entwicklung ebenso berücksichtigt wie geschäftliche Belange
- eine hohe Transparenz zur eigenen Zielsetzung und Wertschöpfung, mit einer klaren Ausrichtung des eigenen Wirkens und erkennbaren Beiträgen zum Unternehmenserfolg, bestenfalls mündend in einer sichtbaren Wertschätzung der eigenen Arbeit
- eine herausforderungsvolle Tätigkeit unter Nutzung der persönlichen Stärken und Potenziale, die verknüpft ist mit adäquaten vertikalen und horizontalen Lern- und Entwicklungsmöglichkeiten

An der Lebenslinie der Mitarbeiterinnen und Mitarbeiter entlang bildet diese Entwicklung der Schlüsselfunktionen und -personen den nächsten konkreten Schwerpunkt der zukünftigen Personalarbeit. Anvisiertes Ziel ist eine digitale Führungskräfte- und Personalentwicklung, die sowohl die verfügbaren Technologien 2.0 als auch insbesondere die prägenden Aspekte einer ‚Enterprise 2.0-Kultur' zum Inhalt hat. Zudem gewinnen das systematische Management von Unternehmens- und Mitarbeiterkompetenzen sowie der professionelle Umgang mit Veränderung und Emotion eine primäre Bedeutung in der Personalentwicklung.

Eine Umsetzung finden diese und weitere Themen der Personalentwicklung von morgen zunehmend in Form von Bereichs- und

Firmengrenzen überschreitenden Entwicklungsprozessen und Rotationsprogrammen. Mit dem daraus resultierenden höheren Komplexitäts- und Vernetzungsgrad dieser Entwicklungsmaßnahmen – so der Hintergrund und Grund hierfür – gelingt eine leichtere Vermittlung und bessere evidenzbasierte Bearbeitbarkeit gerade komplexer, vernetzter Themenbereiche. Zudem lässt sich mit diesem übergreifenden Ansatz die Ausbildung und ‚Bindung' von Jobnomaden aus der Peripherie des eigenen Unternehmens besser, da gezielter realisieren. Eine sinnvolle Ergänzung findet dieser Ansatz mit einem Bildungssponsoring in Schulen und Schulelemente unter firmeneigener Flagge bzw. unter Leitung eines Firmennetzwerks.

In einem Gesamtblick in die Zukunft lassen sich die Forderungen an die Personalarbeit von morgen wie folgend zusammenfassen: Antizipative Entwürfe und Szenarien unserer künftigen Lebens- und Arbeitswelten müssen durch die ‚Personalerszene', Linienführungskräfte, Mitbestimmungsorgane und alle weiteren Beteiligten gedacht sowie durch tabulose Diskussionen und Taten einer im besten Sinne zukunftsprägenden Personalarbeit implementiert werden!

Oder wie es Woody Allen ausdrückte: „Ich denke viel an die Zukunft, weil das der Ort ist, wo ich den Rest meines Lebens verbringen werde."

1.3 Heutige Kritik und künftige Herausforderungen = Drei Kernanforderungen an das HRM

Mit diesem Buch wollen wir die Anforderungen an ein erfolgreiches HR-Management ermitteln, mit denen es schon heute die richtigen Weichen stellen kann, um auch morgen in volatilen Umwelten handlungsfähig zu bleiben. Dazu müssen sowohl *aktuelle* Schwachpunkte als auch *künftig benötigte* Kompetenzen betrachtet werden. In Kapitel 1.1 stellten wir heraus, dass das HRM in Bezug auf administrative Standardprozesse und traditionelle Aufgabenfelder bereits hohe Reifegrade aufweist. Mängel zeigen sich bei der konsequenten Umsetzung der Unternehmensstrategie und dem sichtbaren Wertbeitrag des HRM. In Kapitel 1.2 betrachteten wir die wichtigsten Veränderungen der Kontextbedingungen, im Rahmen derer HR-Bereiche agieren.

Zunächst blieb festzuhalten, dass die Flexibilitäts- und Innovationsnotwendigkeiten für Unternehmen zunehmen. Um in diesen komplexen Strukturen ein gemeinsames Verständnis von Mitarbeitern und Führungskräften in Bezug auf die Gesamtausrichtung zu erreichen, stellt die Funktion der Strategieumsetzung eine zentrale Aufgabe für das HRM

2. Wie erfüllt das HRM die Kernanforderungen der Zukunft?

In diesem Kapitel stellen wir die Ergebnisse empirischer Erhebungen des Ist-Zustandes von Personalbereichen sowie qualitativer Interviews und Best Practice-Workshops mit Vertretern von HR und Geschäftsführung zu den drei Kernanforderungen Strategieumsetzung, Agilität und Individualisierung vor. Dazu entwickeln wir drei Portfolios bezogen auf die einzelnen Eckpfeiler, in denen wir jeweils unterschiedliche Typen von Personalbereichen im Hinblick auf die verschiedenen Schwerpunktdimensionen identifizieren. Um in den einzelnen Unterkapiteln eine Konzentration auf die Kernkonzepte zu ermöglichen, fassen wir in Tabelle 1 die verwendeten Datengrundlagen zusammen und verzichten im Folgenden auf eine detaillierte Stichprobenbeschreibung[44].

Tab. 1: Studienüberblick

Kernherausforderung	Datengrundlage	Untersuchte Portfoliodimensionen
Strategieumsetzung	Befragung von 662 Unternehmensvertretern, 56 % Personen in HR Leitungspositionen, 20 % Mitglieder der Geschäftsführung, 13 % Individuen in anderen Führungspositionen sowie 11 % Mitarbeiter in sonstigen Unternehmensbereichen. Unternehmen aus unterschiedlichsten Branchen (höchste Anteile: Maschinenbau 21 %, Automobil 18 %, Gesundheit 15 %). **Inhalt:** Einschätzung der Reifegrade des Personalmanagements (Kapitel 1.1), Kennzahlen des Einflusses von HR auf verschiedenste Bereiche (Kapitel 2.1), Erfolgskennzahlen (z. B. Umsatzwachstum, Arbeitgeberattraktivität, Fluktuationsquoten)	Einfluss auf Strategie/ Einfluss auf Führungskräfte

[44] In unseren Forschungsarbeiten zur Aufdeckung des aktuellen Ist-Zustandes von HR arbeiteten wir innerhalb der Studien mit klar abgrenzbaren Bausteinen. Beispielsweise beziehen sich in einer unserer Untersuchungen der erste Studienteil auf die Qualität der Personalarbeit und der zweite Block auf die individualisierte Ausrichtung von HR für verschiedene Generationen. Diese identische Stichprobengrundlage lässt sich Tabelle 1 entnehmen.

Tab. 1: Studienüberblick *(Forts.)*

Kernheraus-forderung	Datengrundlage	Untersuchte Portfolio-dimensionen
Agilität	Befragung von 655 Arbeitnehmern, 48 % Generation Y, 34 % Generation X, 18 % Baby Boomer **Inhalt:** Bewertung verschiedenster Personalinstrumente und Unternehmensmerkmale in Bezug auf Agilität (Kapitel 2.2) sowie Erhebung verschiedener Wirkungskennzahlen (z. B. Wechselabsicht, Zufriedenheit, Arbeitgeberattraktivität)	Agile Führung/Agile Lernkultur
Individualisierung (Schwerpunkt: Generationen)[45]	**Unternehmensperspektive:** Befragung von 662 Unternehmensvertretern (s. oben), die befragten Unternehmen beschäftigen im Durchschnitt 24 % Mitarbeiter der Generation Y, 50 % Arbeitnehmer der Generation X und 26 % Baby Boomer. **Arbeitnehmerperspektive:** Befragung von 655 Arbeitnehmern, 48 % Generation Y, 34 % Generation X, 18 % Baby Boomer **Inhalt:** Generationenspezifische Relevanzbewertung von 23 Instrumenten der Mitarbeitergewinnung und -bindung (Kapitel 2.3)	Aktivitätsgrad von HR/ Arbeitgeberattraktivität

2.1 Strategieumsetzung

Wird im Gesamtunternehmen oder auf Geschäftsfeldebene alle zwei bis drei Jahre über eine Neuausrichtung des Unternehmens nachgedacht, fällt dabei häufig das Wort der Unternehmens- und/oder Geschäftsbereichsstrategie. Von Personalbereichen wird in diesem Kontext zunehmend erwartet, einen Beitrag zur Entwicklung und Umsetzung

[45] Die Anforderung an HR, das angebotene Portfolio individualisiert an die Bedarfe unterschiedlicher Mitarbeiter anzupassen, beschränkt sich selbstverständlich nicht auf die Bedürfnisse unterschiedlicher Generationen, sondern umfasst ebenfalls die differenzierten Wünsche von Individuen unterschiedlichen Geschlechts, Nationen, Bildungshintergrundes usw. Wir konzentrierten uns in unseren Studien auf die Bedarfe unterschiedliche Altersgruppen, da sich hier in Gesprächen mit Praxisvertretern der höchste Handlungsdruck zeigte.

der Gesamtstrategie zu leisten. In der Praxis ist dieser Beitrag allerdings bei weitem nicht so ausgeprägt, wie Entscheidungsträger sich die Rolle des Personalmanagement wünschen (s. Kapitel 1.1). So wird die Strategie*orientierung* des HR-Bereichs vielfach gleichgesetzt mit dem Strategie*umsetzungsbeitrag*, den HR in Bezug auf die Unternehmensstrategie zu leisten hat. Viele HR-Bereiche nennen ihre Aktivitäten strategisches Personalmanagement, strategische Personalentwicklung oder strategisches Personalmarketing und lehnen sich in der Gewissheit zurück, dem an sie herangetragenen Anspruch damit Genüge zu tun. In Anlehnung an den im nordamerikanischen Raum vielbeachteten Aufsatz „Are you sure you have a strategy?"[46] ist vielen HR-Bereichen vorzuwerfen, das Wort „strategisch" nur allzu gern zur Bezeichnung seiner Maßnahmen zu verwenden, ohne dabei tatsächlich eine strategische Vorgehensweise zu wählen. In diesem Unterkapitel setzen wir uns damit auseinander, was unter dem Beitrag von HRM zur Umsetzung der Unternehmensstrategie verstanden werden kann. Außerdem verdeutlichen wir, warum die Strategieumsetzung mit Hilfe von HR-Aktivitäten nur über eine enge Kopplung an Führungskräfte gelingen kann.

2.1.1 Theoretischer Hintergrund: Strategiefokus von HR

Der Strategiebegriff leitet sich ursprünglich vom griechischen Wort „stratos" ab, was übersetzt „die Heeresführung" bedeutet. Heutzutage wird der Begriff für verschiedenste Detaillierungsgrade der Ausrichtung auf ein definiertes Ziele verwendet. Die Auffassungen davon, was genau eine „Strategie" ausmacht, sind dabei sowohl in der Wissenschaft als auch in der Praxis sehr unterschiedlich. Ein konventionelles Verständnis von Strategie offenbart Michael E. Porter[47], wenn er sie als Anordnung von Aktivitäten beschreibt, die Unternehmen von Wettbewerbern unterscheidet. Von Clausewitz, Ansoff sowie Prahalad und Hamel[48] entwickelten mit den Perspektiven Markt, Kernkompetenzen und Kunden die zentralen Determinanten der strategischen Differenzierung.

Strategien werden häufig auf Basis umfangreicher Analysen entwickelt und unterscheiden sich in der Form ihrer Ausgangsbetrachtungen (z. B. Markt-Strategien, Ressourcen-Strategien oder Kernkompetenz-Strategien zur Schaffung neuer Märkte). Sie dienen als Grundlage zur Ableitung umfassender Maßnahmenpakete in Bezug auf Prozesse, Geschäftsfelder, Neubesetzungen und Innovationen. In zahlreichen Quellen wird auf die Bedeutung und Herausforderungen der strategischen Planung und

---

[46] Vgl. Hambrick & Fredrickson (2001).
[47] Vgl. Porter (1985; 2008).
[48] Vgl. Clausewitz (2004); Ansoff (1965); Prahalad & Hamel (1990).

des Strategiemanagements hingewiesen[49]. Ebenso werden Risiken bis hin zu „Todsünden" beschrieben[50], die verhindern, dass durch Strategien vorgegebene Maßnahmen auch tatsächliche Veränderungen innerhalb des Unternehmens zur Folge haben und neue Geschäftspotentiale entstehen können. Tatsächlich scheitern nach wie vor etwa 70% aller Veränderungsprojekte, ein Prozentsatz, der über die Jahre hinweg trotz zahlreicher Veröffentlichungen zum Thema Strategieumsetzung und Change Management relativ konstant geblieben ist[51].

Unter Strategieumsetzung verstehen wir die Verankerung der durch die Strategie festgehaltenen Schwerpunkte in der Organisation, das heißt ihre Realisierung im operativen Geschäft. Dies umfasst die Einsteuerung konkreter Maßnahmen, um die Aktivitäten der Mitarbeiter und Führungskräfte auf neue strategische Zielsetzungen hin auszurichten. Eine Herausforderung stellt hierbei insbesondere das Durchbrechen von Routinen in Teams und Abteilungen dar, die auf gewohnten Verhaltensweisen beruhen und im Widerspruch zu den neuen strategischen Eckpfeilern stehen können. Die Aufgabe des HR-Bereichs besteht in diesem Kontext in der Bereitstellung von Personalinstrumenten zur Sicherung der Strategieumsetzung. So müssen beispielsweise Vergütungslogiken, Zielvereinbarungssysteme oder Personalentwicklungsmaßnahmen an die strategische Ausrichtung des Unternehmens angepasst werden.

Die Rollen des Personalmanagements nach David Ulrich

Ein in der Praxis viel beachteter Ansatz zur Erhöhung des strategischen Beitrags von HR stellt das Konzept von David Ulrich[52] dar. Er kritisiert, dass sich das HRM zu sehr auf operative Prozessverwaltung konzentriert, anstatt einen langfristigen Wertschöpfungsanteil am Unternehmenserfolg anzustreben.

Im Kern konzentrieren sich die Ausführungen von Ulrich auf (1) den Blickwinkel (Prozess versus Menschen) und (2) die Tätigkeiten (strategisch versus operational) von HR-Bereichen (s. Abb. 7, linke Seite). Erstens sieht Ulrich das HR Management in der **Rolle des strategischen Partners**, der HR und Geschäftsbereiche durch die Definition und Umsetzung der Unternehmensstrategie zusammen führt. Entsprechend müssen HR-Verantwortliche vor Ort mit (Top-)Managern und Linienkräften zusammenarbeiten, sie in allen personalrelevanten Aspekten

[49] Vgl. u.a. Hrebiniak (2005); Koob (2014); Neilson, Martin & Powers (2008); Riekhof (2010).
[50] Vgl. Mintzberg, Ahlstrand & Lampel (2007).
[51] Vgl. Beer & Nohria (2000); Kotter (2008).
[52] Vgl. Ulrich (1997).

unterstützen und dafür ein umfassendes Verständnis von Geschäftsprozessen besitzen. Der HR Business Partner ist direkter Ansprechpartner im operativen Geschäft und damit dezentral verankert, ohne sich allerdings mit administrativen HR-Aufgaben zu befassen. Er agiert als Vermittler zwischen strategischen und administrativen HR-Funktionen sowie operativem Geschäft und ist Schnittstellenmanager, Coach und Berater in einer Person. Zweitens umfasst die **Rolle als administrativer Experte** die Ausübung traditioneller HR-Aufgaben wie Gehaltsabrechnung oder Vertragswesen und verfolgt das Ziel, effiziente Abarbeitungsprozesse zu optimieren. Drittens beschreibt die **Rolle als Mitarbeiter Champion** die Aktivitäten des HR-Bereichs zur Bindung und Motivation der Belegschaft an das Unternehmen. Die Geschäftsperspektive betonend weist Ulrich darauf hin, dass die Bedürfnisse der Belegschaft verstanden und mit den Unternehmensinteressen verknüpft werden müssen, um den Beitrag der Mitarbeiter zum Unternehmenserfolg zu maximieren. Viertens agiert der HR-Bereich in der **Rolle des Veränderungsmanagers.** In diesem Bereich fördert er die positiven Aspekte von Prozessen organisationalen Wandels zu Tage und sichert die Unterstützung der Belegschaft, die den Wandel durchlebt.

Obwohl diese vier unterschiedlichen Rollen in der wissenschaftlichen Diskussion schnell Anklang fanden, gestaltete sich deren Übersetzung in Organisationsstrukturen und konkreten Positionen in der Praxis nicht einfach. Das gebräuchlichste Modell, welches in der Praxis für die Restrukturierung von HR-Bereichen verwendet wird, ist das so genannte Drei-Säulen-Modell. Es differenziert zwischen drei HR-Funktionen (siehe Abb. 7, rechte Seite).

Strategische Business Partner sind nach diesem Verständnis Führungskräfte oder erfahrene HR-Experten mit speziellem Fachwissen, die damit beauftragt sind, (Top-)Manager der Fachbereiche bei der Entwicklung und Umsetzung der Geschäftsstrategie zu unterstützen. Die **Centers of Expertise/Kompetenzcenter** sind Einheiten aus HR-Professionals mit einschlägigem Fachwissen. Die hier tätigen Fachkräfte setzen sich mit Expertenthemen wie Talent Management, Entwicklung der Unternehmenskultur, Mitarbeitervergütung oder Anreizsystemen auseinander und entwickeln diese Themenfelder angepasst an die Bedarfe des Unternehmens. In **Shared Service Centern** werden Routineaufgaben des HR-Bereichs abgewickelt, beispielsweise das Recruiting, Stellenbesetzungen oder das Vertragswesen. Um Kosten zu reduzieren, liefern diese zentralisierten Einheiten einheitliche Dienstleistungen für das gesamte Unternehmen[53]. Die Neuaufsetzung derartiger Center wird oftmals von

[53] Vgl. Swift (2012).

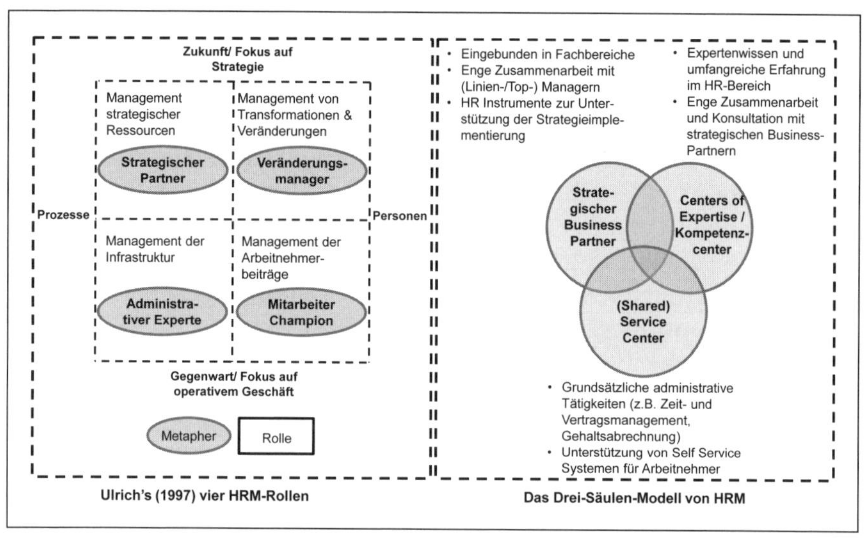

Abb. 7: Die vier Rollen des Personalbereichs nach David Ulrich (1997) und ihre Übertragung in das Drei-Säulen-Modell

einem Umwandlungsprozess weg von direkten, persönlichen Unterstützungs-Dienstleistungen durch HR und hin zur technologiebasierten, selbstgesteuerten (und oftmals ausgelagerten) Betreuung begleitet[54].

Integratives Rollenverständnis statt abgegrenzte Funktionen

Die Reduktion der ursprünglich vier Rollen auf drei klar getrennte Funktionen im Unternehmen entspricht nicht der ursprünglichen Intention von David Ulrich. Während er widerholt betont, dass Vertreter des Personalbereichs diese Rollen in sich vereinen müssen und keine Trennung in unterschiedliche Bereiche gewünscht ist, finden sich in deutschen Unternehmen heute eindeutige Stellenunterscheidungen. Gleichzeitig wird, wie eingangs bereits erwähnt, die Anforderung der Strategieumsetzung von HR häufig mit einer oberflächlich angelegten Strategieorientierung verwechselt. Es reicht nicht aus, einzelne Maßnahmen strategisch zu nennen, weil sie punktuell an aktuellen Problemfeldern des Unternehmens ansetzen. Die Kernherausforderung von HR-Bereichen liegt in der Entwicklung ganzheitlicher Leistungs- und Produktpaketen, die eine Steuerung der Strategieumsetzung (hier: Unternehmens- und/oder Geschäftsfeldstrategien) sicherstellen. Im Ergebnis soll so ein hoher Grad an Überzeugung und Commitment von Seiten der Mitarbeiter und Führungskräfte gegenüber den neuen strategischen Leitplanken entstehen.

[54] Vgl. Francis, Parkes & Reddington (2014).

Aus HR-Perspektive muss Strategieumsetzung also immer aus zwei Komponenten bestehen: Zum einen aus der Formulierung von Maßnahmenbündeln, die sich aus der Strategie ableiten und zum anderen aus der Ausrichtung auf die Führungskräfte, um deren strategiebezogene Hebelfunktion zu nutzen. Damit verstehen wir unter Strategieumsetzung eine gleichgewichtete Ausrichtung auf die Verankerung in Personalinstrumenten (strukturelle/„harte" Ebene) als auch in den Köpfen der Führungskräfte und Belegschaft („weiche" Ebene). Vorgesetzte wirken als Promotoren auf die Akzeptanz der Strategie bei Mitarbeitern – wenn sie die Veränderungen selbst leben (Führung durch Vorbild[55]), ist eine flächendeckende Umsetzung wahrscheinlich. Im Folgenden stellen wir den Ist-Zustand von HR-Bereichen bezüglich der gleichgewichteten Berücksichtigung beider Aspekte (Strategieumsetzung und Führungskräfteeinbezug) dar.

2.1.2 Derzeitiger Strategieumsetzungsstand: HR mehr als nur Business Partner?

In unseren Studien ließen wir die Teilnehmer schätzen, wie ausgeprägt sie den Beitrag Ihres HR-Bereichs zur Unternehmensstrategie einschätzen und wie nah sie gemeinsam mit den Führungskräften innerhalb der Organisation an wesentlichen, strategischen Themenfeldern arbeiten. In der Folge identifizierten wir vier Typen von HR-Bereichen, die sich nach dem Grad des Einflusses auf die Unternehmensstrategie und dem Grad der Unterstützung der Führungskräfte durch HR bemessen[56]. Wir bezeichnen diese HR-Typen als Impulsgeber (rund 43 Prozent der untersuchten Firmen), als Stratege (23 Prozent), als Coach (11 Prozent) und als Ausführer (23 Prozent).

Jeder Typ weist spezifische Stärken und Defizite auf. Aufbauend auf den Ergebnissen entwarfen wir für den Harvard Business Manager einen Schnelltest, mit dem Sie online herausfinden können, in welche Kategorie Ihre Firma fällt (http://www.harvardbusinessmanager.de/schnelltest_personal). Im Folgenden beschreiben wir die wesentlichen Merkmale der vier Kategorien von HR-Bereichen und zeigen, wo typischerweise Handlungsbedarf besteht. Praxisbeispiele verdeutlichen die Ausgestaltung der unterschiedlichen Typen.

---

[55] Vgl. Rosenstiel & Comelli (2003).
[56] Vgl. Hackl & Gerpott (2014).

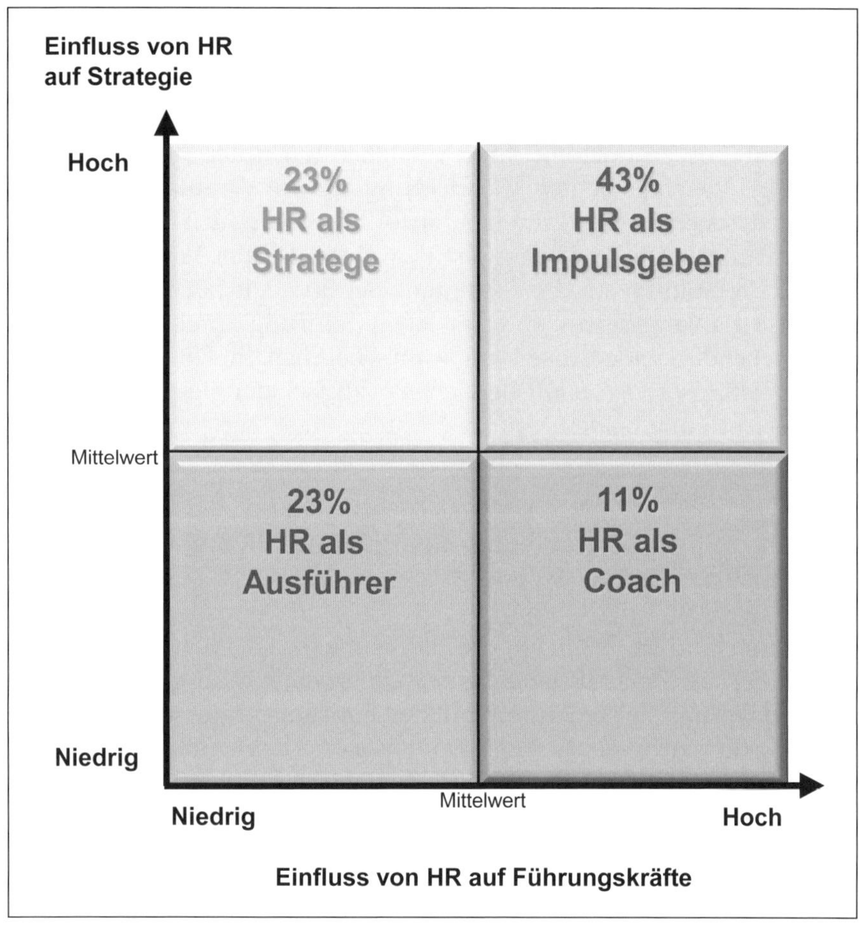

Abb. 8: Einfluss auf Strategie und Führungskräfte: Vier Typen von HR-Bereichen[57]

HR als Impulsgeber

Personalbereiche, die dem Typ „Impulsgeber" angehören, verfügen über beste Voraussetzungen, einen effektiven Beitrag zur Strategieumsetzung leisten zu können. Ihr Erfolgsrezept besteht darin, sowohl auf operativer Ebene zahlreiche Maßnahmen umzusetzen, als auch auf Strukturebene die Passung zur Unternehmensstrategie und zu den Anforderungen der Führungskräfte sicherzustellen. In Unternehmen, in denen HR als Impulsgeber wirkt, nimmt der HR-Bereich eine sehr aktive Rolle ein. Er fungiert als Sparringspartner von Führungskräften bei der Begleitung der Strategieimplementierung. Zentral für den Erfolg

[57] Vgl. Hackl & Gerpott (2014).

sind die Ableitung aller Maßnahmen aus der Gesamtstrategie und die kontinuierliche Wirksamkeitsprüfung anhand der Auswertung von beispielsweise Management-Cockpits.

Praxisbeispiel Brose: Das Unternehmen steht in einer strukturschwachen Region vor der Herausforderung, die wachstumsstarke und innovationsgetriebene Entwicklung der international tätigen Unternehmensgruppe sicherzustellen. Diese Aktivität gestaltet sich besonders schwierig vor dem Hintergrund, dass der Standort (Coburg) über eine niedrige Anziehungskraft verfügt und die Arbeitgebermarke eine geringere Bekanntheit in der Öffentlichkeit als andere Unternehmen innerhalb der Automobilbranche (z.B. Automobilhersteller) besitzt. Dennoch wird das Unternehmen in Befragungen unter Studenten und Hochschulabsolventen regelmäßig unter den 100 besten Arbeitgebern Deutschlands geführt. Die Fluktuationsrate ist niedrig: Im Durchschnitt bleiben die Mitarbeiter über 14 Jahre im Unternehmen. Der Vergleichswert in der Automobilbranche liegt unserer Studie zufolge bei knapp 12 Jahren.

Brose erreicht diese Werte durch die konsequente strategische Ausrichtung des HRM und die Ableitung entsprechender Maßnahmen (z.B. in der Führungskräfteentwicklung.) Die Implementierung der Gesamtstrategie spielt im Management eine große Rolle: Die Geschäftsbereiche überprüfen jedes Jahr den Erfolg ihrer Maßnahmen durch ein ganzheitliches Performance Management und passen diese gegebenenfalls an. Das Modell integriert Nachfolgeplanung, Personalentwicklung, Vergütung, Führungskräfteunterstützung und Rekrutierungsmaßnahmen, wobei sich die Inhalte und Schwerpunkte jeweils aus der Unternehmensstrategie ableiten.

HR als Stratege

HR-Bereiche, die sehr stark darauf abzielen, bei strategischen Weichenstellungen mit an den Tisch der Entscheider zu kommen und ihre Arbeit an den Unternehmenszielen auszurichten, also als strategischer Partner fungieren, verfügen über eine überdurchschnittliche Arbeitgeberattraktivität bei Bewerbern. Allerdings lässt sich feststellen, dass Mitarbeiter in Unternehmen mit einem HR-Bereich dieses Typs die kürzeste Betriebszugehörigkeit aufweisen. Das Verständnis von HR als strategischer Business Partner führt also zum Erfolg – jedoch vor allem kurzfristig. Verschiedene Sekundärstudien zeigen uns, dass bis zu 70 % der entwickelten Strategien nicht oder nur teilweise umgesetzt werden. Unsere Untersuchungen weisen darauf hin, dass dies auf mangelndes Monitoring der Strategieimplementierung und fehlende Einbindung der Führungskräfte zurück zu führen ist. Unter Berücksichtigung dieser Aspekte können wenige, gezielt eingesetzte Maßnahmen schon ausreichen, um die Umsetzung von Veränderungsprojekten zu realisieren sowie Fachkräfte langfristig zu binden.

Praxisbeispiel Voith: Die Voith Industrial Services aus Baden-Württemberg hatte früher trotz einer klar definierten Personalstrategie sowohl Schwierigkeiten bei der Besetzung freier Stellen in den Engpassqualifikationen des gewerblich-technischen Bereichs als auch bei der Bindung bestehender Mitarbeiter. Bewerbungseingänge, Qualifikationen der Bewerber und Zeitdauer der Besetzungen waren unbefriedigend, Hochqualifizierte wanderten kontinuierlich ab. Es stellte sich heraus, dass die Stellenangebote sowohl in Printmedien als auch auf allgemeinen Jobplattformen praktisch wirkungslos blieben: Über diese Kanäle kamen so gut wie keine Bewerbungen. Gleiches galt für die Anzeigen, die das Unternehmen an Träger der beruflichen Fort- und Weiterbildung und andere Netzwerkpartner weitergab. Hinzu kam, dass es im Bereich der Mitarbeiterbindung an klar strukturierten Instrumenten praktisch gänzlich mangelte.

Auf diese und ähnliche Erkenntnisse reagierte das Unternehmen: Es wurden sowohl die Führungskräfte in den Gesamtprozess eingebunden als auch eine konsequente Erfolgskontrolle der Gewinnungs- und Bindungsmaßnahmen eingeführt. Innovative Ideen wie die Nutzung von Crowd-Recruiting, das Schalten von Stellenanzeigen auf unterschiedlichen, auch spezialisierten Internetplattformen, die Einrichtung eines E-Mail-Bewerbungskanals sowie die Anwerbung von Fachkräften im Ausland über die Außenhandelskammer in Spanien wurden getestet. Aktivitäten, die sich als wirkungslos erwiesen, stellte der Personalbereich wieder ein. Um die Führungskräfte noch aktiver in den Bewerbungsprozess einzubeziehen, wurden Interview-Guides entwickelt. Begleitend führte das Unternehmen auch Interview-Trainings durch. Mit diesen Maßnahmen konnte die Firma die Zahl der Bewerbungen um 42 Prozent steigern und 83 Prozent mehr Hochqualifizierte als im Vorjahreszeitraum unter Vertrag nehmen.

Zeitgleich wurde ein Mitarbeiterbindungsprogramm aufgesetzt, um die gewonnenen Fachkräfte langfristig ans Unternehmen zu binden. Für die Führungskräfte arbeitete der Personalbereich ein Paten-Konzept, ein modulares Leadership-Programm und eine differenzierte Qualifizierungsmatrix aus. Die Fluktuationsquote reduzierte sich deutlich. Der Erfolg motivierte das Unternehmen, ein entsprechendes Wirksamkeitsmonitoring auf alle Personalinstrumente auszuweiten.

HR als Coach

HR-Bereiche, die sich primär als Partner der Führungskräfte verstehen, haben im Vergleich aller Typen die höchste durchschnittliche Betriebszugehörigkeit unter den Mitarbeitern. Die intensive Einbindung der Führungskräfte führt zu einer hohen Personalbindung. Allerdings haben sie Schwierigkeiten bei der Ansprache externer Bewerber und der langfristigen strategischen Ausrichtung ihrer HR-Prozesse. Dadurch erreichen sie nur eine unterdurchschnittliche Arbeitgeberattraktivität. HR-Bereiche, die als Coach fungieren, verfügen über zusätzliche Potenziale in der Personalgewinnung, wenn sie ihre guten Kenntnisse der Bedarfe der aktuellen Belegschaft für die Gewinnung neuer Mitarbeiter nutzen würden.

Praxisbeispiel internationales IT-Unternehmen: Im Rahmen eines Projektes arbeiteten wir mit einem aufstrebenden IT-Unternehmen zusammen, das wesentliche Merkmale des Coach-Typs aufweist. Die einzelnen Fachbereiche verfügen über großen Freiraum in der Personalarbeit. Der Personalbereich steht als Partner zur Seite und kümmert sich um die administrative Begleitung von Personalprozessen. Um die Passung zum Team sicherzustellen, wird die Personalauswahl komplett durch die Führungskräfte durchgeführt. Auch Personalentwicklungsmaßnahmen werden in Absprache mit Führungskraft und Mitarbeiter ausgewählt. Dadurch passen die Bewerber häufig sehr gut zu den Teams und die Weiterbildung erfolgt sehr bedarfsorientiert. Um die Personalarbeit jedoch noch strategischer auszurichten, hat das Unternehmen das Mitentscheidungsrecht des HRM bei Einstellungs- und Weiterentwicklungsentscheidungen in letzter Zeit intensiviert. Damit erreicht das Unternehmen inzwischen eine optimale Kombination aus unterstützender Rolle als Coach und strategischem Begleiter.

HR als Ausführer

Der Großteil der Unternehmen mit einem HR-Bereich, der sich auf eine operative Rolle beschränkt und nicht als Impulsgeber wirkt, schafft es nicht, genügend Mitarbeiter zu rekrutieren und Potenzialträger zu binden. Sie sind die Verlierer im War for Talents. Bei ihnen hapert es an vielen Stellen: Das HRM verfügt über kaum finanzielle Mittel und setzt dementsprechend wenige Maßnahmen umsetzen. Das Management vertritt insgesamt die Auffassung, dass Fachkräfte auch ohne größeren Aufwand den Weg zum Unternehmen finden werden. Das Ergebnis: Stellen bleiben unbesetzt, die Innovationsfähigkeit sinkt und viele Mitarbeiter kündigen innerlich. Leistungsträger wandern ab.

Fast jedes vierte der untersuchten Unternehmen gehört zu den Ausführern. Ihre Situation lässt sich nur durch einen tiefgreifenden Kulturwandel ändern, bei dem die Management Awareness für die Bedeutung von HRM steigt und die Einbindung des HR-Bereichs top down (d. h. ausgehend von der obersten Leitungsebene) gefördert wird.

2.1.3 Implikationen für eine neue Wertarchitektur von HR-Bereichen

Die Anforderung an HR, sich stärker als bisher auf die Umsetzung und Steuerung von Strategien als zentralen Wertbeitrag zu fokussieren, wird bis dato von über dreißig Prozent der HR-Bereiche nicht ausreichend gelebt. Die Auffassung „Wir als HR-Bereich sind für die Umsetzung der Unternehmensstrategie verantwortlich" impliziert, dass rein funktionales Denken einzelner Abteilungen innerhalb des HR-Bereichs an Grenzen stößt. Strategieumsetzung durch HR kann nicht von Einzelfunktionen verantwortet werden. Vielmehr wird deutlich, dass es sich um eine interdisziplinäre Aufgabenstellung handelt, die eine enge Abstimmung aller HR-Instrumente benötigt. Dabei ist nicht nur innerhalb des Personalbereichs eine engere Vernetzung notwendig, vielmehr muss auch in Bezug auf die Zusammenarbeit mit Führungskräften eine engere Austauschbeziehung implementiert werden. Zentraler Ansatzpunkt der Strategieumsetzung ist das Commitment der Führungskräfte auf eine neue strategische Justierung. Eine vielbeachtete Studie von Jöns, Hodapp und Weiss (2006) zeigt, welche herausragende Bedeutung das Thema Führung für die Strategieumsetzung hat. Sie bildet das Bindeglied zwischen Strategie, Struktur und Zusammenarbeit, weswegen Personalbereiche nur mit einem ganzheitlichen Ansatz nachhaltige Erfolge bei der Strategieumsetzung erreichen können (siehe Abb. 9).

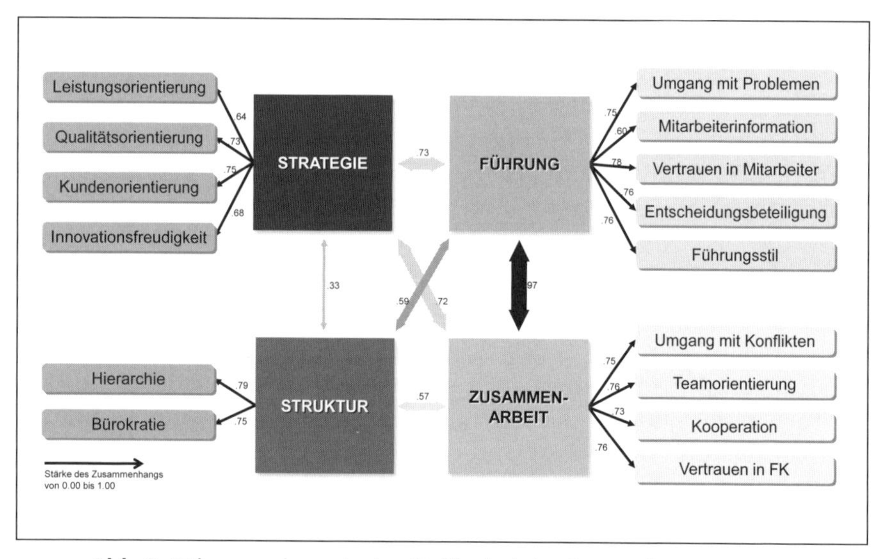

Abb. 9: Führung als zentraler Stellhebel der Strategieumsetzung, in Anlehnung an Jöns, Hodapp & Weiss (2005).

2.1.4 Exkurs: Analysierst du noch oder steuerst du schon?

Dr. Jörg Thienemann ist seit 2009 geschäftsführender Gesellschafter der Detect Value GmbH, einem Lösungsanbieter für Business Analytics Lösungen. Sein Fokus liegt auf der Einführung von HR Management Cockpits mit ganzheitlicher Sicht auf Wirkungszusammenhänge und daraus ableitbaren Steuerungsgrößen. Seine Sicht und Methodik hat er in zahlreichen Beratungsprojekten sowie in seinen Managementrollen im Bereich Business Operations, Finance und HR in internationalen Beratungsunternehmen entwickelt. Herr Dr. Thienemanns Ansatz für ein wertschöpfungsorientiertes strategisches Personalmanagement wurde im Rahmen eine F&E Projektes im Innovationsprogramm Mittelstand (ZIM) gefördert. Als Arbeitsgruppenleiter im Human Capital Club e.V. (HCC) und im Internationalen Controller Verein (ICV) engagiert er sich für innovative Managementansätze.

Ausgehend von letztgenanntem Themenschwerpunkt konfrontierten wir Dr. Thienemann mit der Frage, ob HR in Zukunft zentrale Personalkennzahlen nicht nur für rückwärtsgerichtete Korrekturmaßnahmen nutzen, sondern im Gegenteil zur proaktiven Steuerung einsetzen kann. *Wird HR den Anschluss verlieren oder kann mehr HR-Analytics Kompetenz helfen?*

„HR Analytics Kompetenz ist nichts für HRler. Das gehört in den Fachbereich Controlling."

Diese Aussage steht stellvertretend für eine Meinung, die viele Unternehmensangehörige in unterschiedlichsten Funktionen über den Personalbereich vertreten: HR hat eine Zahlenaversion und ist nicht in der Lage, Personalkennzahlen zur erfolgreichen Strategieimplementierung zu nutzen. Deshalb wird versucht, mit der Schaffung von Personalcontrollingstellen mehr Zahlenaffinität im Bereich HR anzusiedeln. HR Analytics bezeichnet in diesem Kontext die Erhebung und Nutzung von strukturierten und unstrukturierten Daten über die Personalbasis eines Unternehmens zur Ableitung strategisch relevanter Maßnahmen zum Beispiel in Bezug auf Rekrutierungsstrategien, Identifikation und Entwicklung potenzieller Führungskräfte, Stellenbesetzungen oder Trainingserfolgsmessung.

Nur wenige Unternehmen schöpfen bis jetzt das Potenzial einer systematischen Analyse von Personalkennzahlen aus. Wenn überhaupt werden vergangenheitsorientiert Optimierungspotenziale identifiziert und diese dann versucht zu adressieren Eine zukunftsorientierte

Nutzung als Prognose- und Steuerungsinstrument findet kaum statt. So kommt es, dass althergebrachte Denkweisen adaptiert und im HR Reporting im Wesentlichen die Top 3 Themen des Personalcontrollings – Personalstatistik, Personalstruktur und Personalkosten – ausgewertet werden. Vor dem Hintergrund dieser Lage verwundert es nicht, dass sich viele Unternehmen nach allgemein gültigen HR Kennzahlen erkundigen. Die Gegenfrage bleibt zumeist unbeantwortet: Wie plausibel ist es denn, dass alle Unternehmen am gleichen Markt, mit den gleichen Produkten oder den gleichen Mitarbeitern unterwegs sind? Die Suche nach Allgemeingültigkeit und Standards verstellt mitunter den Weg zu den eigentlichen Fragen, die sich vorrangig mit den Anforderungen des eigenen Unternehmens und der Stärke von Innen befassen sollten. Schon allein, wenn man sich die Beispiele von HR Cockpits und Dashboards im Internet anschaut, müssten sich doch sofort Fragen aufdrängen wie z. B.:

- Warum fehlt die Mitarbeiterperspektive?
- Sind Personalkosten die richtigen Steuerungsgrößen für Mitarbeitergewinnung und Personalentwicklung?
- Wo ist der Bezug zum Unternehmenserfolg?
- Warum werden nur Zustände beschrieben, nicht aber Potentiale oder Trends?

Wer sich solche Fragen stellt und nach Antworten „googelt", hat schon wesentliche Analytics- Kompetenzen gezeigt. Diese sind u. a.:

- Über die Kosten und Headcountstatistik hinausschauen zu wollen
- Neue Wege finden Mitarbeiterperspektiven einzubinden
- In den verfügbaren Daten nach Zusammenhängen zwischen Mitarbeiterperspektive und Unternehmenserfolg zu suchen
- Denkweisen und Methoden zu hinterfragen
- Vorausschauend und vernetzt zu denken

Für HR gilt es, auf die strategisch wichtigen Fragen des eigenen Unternehmens Antworten zu finden und diese in effektive operative Maßnahmen umzusetzen – schnell und so flexibel wie es die strategische Ausrichtung des Unternehmens erfordert. Ob es sich um Vergütungsmodelle oder Arbeitszeitmodelle handelt, um Recruiting-Fragen, um Fragen zur Personalentwicklung oder um neue Managementansätze zur Performancesteigerung: Schon heute ist die Themenvielfalt im HR so komplex, dass man allein mit Fachwissen aus dem Personalabrechnungs-Silo oder dem Personalentwicklungs-Lager eher Flickenschusterei betreibt als einen Mehrwert für das Ganze zu schaffen. Auch, wenn die Mitarbeiterperspektive zunehmend in den Mittelpunkt des Personalmanagements gerät, bringen Informationen zu Mitarbeiterbedürfnissen, zur Mitarbeiterzufriedenheit, zu Skills und Kompetenzen keinen Mehrwert, wenn man diese nicht mit den strategischen Zielen des Unternehmens abgleicht und kontinuierlich ausbalanciert. Das erfordert insbesondere ein Kausalitätsmodell zwischen Mitarbeiterengagement, Leistungsbereitschaft, Innovationsfähigkeit und dem Unternehmenserfolg. Hier gilt es vor allem, das unternehmenseigene Ursache-Wirkungs-Modell zu erkennen.

Mit HR Analytics begibt man sich daher immer mehr in Richtung Business Analytics.

Ausgehend von dem heutigen Komplexitätsgrad der Personalarbeit steht ein sogenanntes HR Cockpit für das Streben nach Orientierung und Überblick. Wer fährt schon gerne im Blindflug einen vollbesetzten Bus durch dichten Verkehr? Ein HR Cockpit führt die unternehmensrelevanten Personalkennzahlen zusammen und dient der Etablierung analytischer Kompetenz, für deren Aneignung und Entwicklung es nützliche Rezepte / Tools gibt:

- Regelmäßige HR Impuls Checks basierend auf 360 Grad Mitarbeiter- und Führungskräftebefragungen
- Design Thinking Methode zur visuellen und haptischen Lösungsfindung
- Prototyping zur Visualisierung und Analyse von Echt-Daten
- Nutzung assoziativer Analyselösungen (Zusammenhänge einfach finden und analysieren wie mit Google, etc.)
- Methodenworkshops für grafisches Modellieren von Ursache-Wirkungsmodellen

Entdecken Sie und nutzen Sie die Wirkungsprinzipien Ihres eigenen Unternehmens mit HR Analytics. Wer in fünf Jahren erst damit beginnt an HR Analytics zu denken, verliert wertvolle Zeit gegenüber den Mitbewerbern.

2.2 Agilität

Agilität ist das Schlagwort des 21. Jahrhunderts. Beweglich und flexibel, so möchte jedes Unternehmen gerne sein – oder vielmehr: So muss sich die Mehrheit der Unternehmen aufstellen, um wandelnden Markt-, Kunden- und regionalen Differenzierungen gerecht werden zu können. Veränderungen auf allen Ebenen kennzeichnen auch die in Kapitel 1 dargestellten Markt-Unternehmens-Mitarbeiter-Perspektiven. In diesem Unterkapitel stellen wir das Konzept der Agilität vor und wenden den Ansatz auf die Personalarbeit an. Dazu zeigen wir die Ist-Situation des Agilitätsstandes im HR-Kontext am Beispiel agiler Führung auf und erläutern, welche Handlungsschwerpunkte sich für HR-Bereiche ergeben.

2.2.1 Theoretischer Hintergrund: Agile Organisationen

Agilität bezeichnet die Fähigkeit, in volatilen Umwelten wettbewerbsfähig zu bleiben, durch (1) schnelle Reaktionen auf Veränderungen sowie (2) eine proaktive Gestaltung des kontinuierlichen Wandels. Damit verstehen wir unter Agilität nicht nur eine passive Komponente (Reaktion auf neue Situationen), sondern auch die klar eigengesteuerte Ausformung von Trends. Der Agilitätsbegriff gewann zunächst im Bereich des IT-Projektmanagements an Popularität. Eine agile, kundenorientierte Vorgehensweise bei der Entwicklung neuer Software sollte lange Fehlentwicklungszeiten und bedienerunfreundliche Endprodukte verhindern. Ziel war es, aus dem „Elfenbeinturm" der Softwareentwicklung zu flüchten und wieder näher an die Nutzer heranzurücken[58]. Nach dem Erfolgszug der agilen Software-Entwicklung (vor allem mittels der sogenannten Scrum-Methode[59]) entdeckten auch andere Branchen und Unternehmensbereiche die Vorteile agiler Instrumente. Eine Betrachtung der explodierenden Zahl an Veröffentlichungen zur Agilitätsthematik[60] verstärkt den Eindruck, dass es sich dabei um ein vielfach durchdachtes und erprobtes Konzept handelt. Mehr noch, es scheint sogar eine Lösungsagenda für viele organisationsrelevante Themen darzustellen.

Doch dieser Anschein trügt, wie eine detailliertere Analyse der in den letzten Jahren erschienenen Publikationen zum Thema Agilität zeigt. Tatsächlich handelt es sich bei den unter Agilitätsaspekten diskutierten Fragestellungen nach wie vor um ein undifferenziertes Begriffssammelsurium und ein „Konglomerat verschiedener Theorien"[61]. Konzeptionelle Modelle und fundierte Untersuchungen sind rar. Vielfach wird pseudowissenschaftliches Halbwissen als ausgereiftes Instrument zur Zukunftssicherung verkauft. Dass solche Konzepte oftmals scheitern oder mangels konzeptionellen Tiefgangs erst überhaupt nicht angewendet werden können, überrascht wenig.

[58] Für einen Überblick vgl. Hruschka, Rupp & Starke (2009).
[59] Vgl. Lacey (2012); Maximini (2013).
[60] Vgl. z. B. Doz & Kosonen (2010); Horney, Pasmore & O'Shea (2010); Reupke & Struck (2013).
[61] Förster & Wendler (2012), S. 32.

Eine der wenigen wissenschaftlichen Untersuchungen zur Definition von Agilitätsfacetten stammt von Sharifi und Zhang[62]. Sie weisen darauf hin, dass alle Prinzipen der agilen Organisation der Vereinfachung und Beschleunigung von Prozessen dienen. Enthierarchiesierung, Delegation von Entscheidungsrechten, Entbürokratisierung von Entscheidungsverfahren oder auch die Entwicklung offener Zusammenarbeitsmodelle zielen auf die dynamische Zusammenführung komplementärer Fähigkeiten und Kompetenzen interner und externer Leistungsakteure und Kooperationspartner. Die einzelnen Einheiten der Kollaborationsnetzwerke sind auf ihre Kernkompetenzen spezialisiert. Ihre innovationsorientierte Rekombination lasst eine Lernumgebung entstehen, die der agilen Organisation ein hohes Maß an Adaptionsfähigkeit sichert. Sharifi und Zhang[63] analysierten amerikanische Unternehmen verschiedener Branchen und identifizierten als Unterscheidungsmerkmale agiler Organisationen ihre (1) umgehende Kompetenzanpassungen, (2) Schnelligkeit, (3) Flexibilität und (4) Reaktionsfähigkeit an neue Umweltzustände.

Um eine Organisation weg vom starren, abgegrenzten Gebilde hin zum selbststeuernden, marktorientierten System zu entwickeln, reicht eine Veränderung objektiver Strukturen und die Vorgabe agiler Regelwerke allerdings nicht aus. Hinreichend bekannt ist, dass Führungskräften und Mitarbeitern in einem solchen Prozess eine zentrale Rolle zufällt. Sie sollen die tiefgreifenden strukturellen Veränderungen nicht nur tragen, sondern aktiv gestalten. Der Ruf nach neuen, agilen Führungskompetenzen ist in diesem Kontext immer wieder zu hören – doch wie sollen diese aussehen? Welche Effekte hat agile Führung auf die Mitarbeiter? Welche Neukonfigurationen müssten dann Führungskräfteentwicklungsprogramme erfahren? Und wie müssen die Rahmenbedingungen von HR-Bereichen ausgelegt sein, damit derartige Ansätze erfolgreich sein können? An diesen Fragen setzen unsere Untersuchungen an.

Agile Führungs- und Lernkultur

Zu Beginn unseres Forschungsprojekts führten wir eine umfangreiche Recherche zu existierenden Modellen agiler Führungsqualitäten durch. Die Ergebnisse waren ernüchternd: Neben nicht repräsentativen Untersuchungen aus der Praxis[64] und Veröffentlichungen in Managementmagazinen[65] waren kaum fundierte Konzepte auffindbar. Stattdessen werden der agilen Führungskraft alle nur denkbaren positiven

[62] Vgl. Sharifi & Zhang (1999).
[63] Vgl. Sharifi & Zhang (1999).
[64] Vgl. Kaltenecker, Spielhofer, Eybl, Schober & Jäger (2011).
[65] Vgl. Horney et al. (2010); Joiner (2009).

Eigenschaften zugeschrieben – sie sind die Allzweckwaffe moderner Unternehmen. Ángel Medinilla[66] liefert in ihrem Buch über agiles Management ein vielsagendes Beispiel für ihre außergewöhnlichen Fähigkeiten: „Agile Führungskräfte inspirieren jeden in der dunkelsten Stunde und sind die letzten, die verbleiben, wenn es darauf ankommt, die agile Sicht der Organisation zu verteidigen".

Derart unspezifische Lobhymnen sind für die Praxis von geringem Nutzen. Ausgehend von dieser Mangellage entwickelten wir ein verhaltensorientiertes Schema agiler Führungskompetenzen, welches der Gestaltungsperspektive von HR-Bereichen gerecht werden soll. Dieses basiert auf den vier Kompetenzbereichen agiler Organisationen nach Sharifi und Zhang[67] (Reaktionsfähigkeit, Flexibilität, Schnelligkeit und umgehende Kompetenzanpassungen an neue Umweltzustände). Im Folgenden erläutern wir zunächst, wie sich die Ausprägung der Dimensionen in deutschen Unternehmen heute darstellt. Im Anschluss kategorisieren wir vier Typen von HR-Bereichen, in dem wir die Agilitätsorientierung mit einer nachhaltigen Lernkultur zusammenbringen.

2.2.2 Derzeitiger Agilitätsstand: Wie agil handeln Führungskräfte heute?

Ausgehend von den vier Kategorien nach Zharifi und Zhang[68] definierten wir zwölf Verhaltensweisen von Führungskräften, die Agilität in der Mitarbeiterführung verankern. Durch ein umfangreiches Befragungsprojekt erhoben wir den aktuellen Umsetzungsgrad in deutschen Unternehmen und setzten ihn in Bezug zu verschiedenen Wirkungskennzahlen. Wir baten die Teilnehmer zum Beispiel, die Flexibilität ihrer Führungskraft in verschiedenen Situationen einzuschätzen oder das Ausmaß der Übertragung von Handlungsfreiraum zu bewerten. Mehr als in bisherigen Ansätzen berücksichtigten wir dabei die externe Perspektive von Führung. So analysierten wir beispielsweise, ob die jeweilige Führungskraft die zu erwartenden sozialen, politischen, demografischen und technologischen Veränderungen in Bezug zum eigenen Unternehmen setzt und daraus notenwendige Weiterbildungsmaßnahmen für ihre Mitarbeiter ableitet. Abbildung 10 enthält eine Kurzbeschreibung der vier Dimensionen sowie den aktuellen Umsetzungsstand gemäß unserer Befragungsergebnisse.

[66] Medinilla (2012), S. 64.
[67] Vgl. Sharifi & Zhang (1999).
[68] Vgl. Sharifi & Zhang (1999).

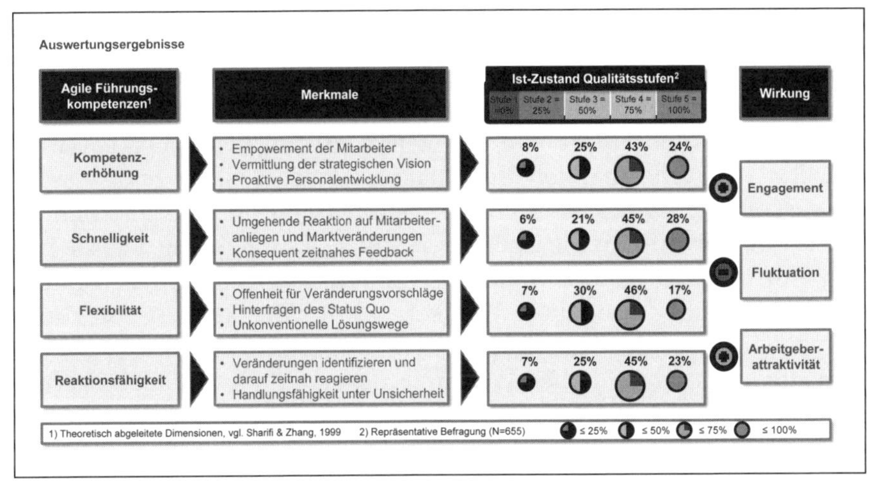

Abb. 10: Analyse der Ist-Situation: Die vier Dimensionen agiler Führungskompetenzen (in Anlehnung an Hackl, Gerpott, Malessa & Jeckel, im Druck).

Kompetenzerhöhung

Das „Empowerment", das heißt die Übertragung von Handlungs- und Entscheidungsspielräumen auf die Mitarbeiter, ist zentral für das Funktionieren agiler Organisationsformen. Nur so kann zeitnah und direkt auf Marktveränderungen reagiert werden. Lediglich 24% der von uns untersuchten Unternehmen weisen auf dieser Dimension einen hohen Erfüllungsgrad ihrer Führungskräfte auf. Der Großteil bewegt sich in einem mittleren Bereich: Führungskräften fällt es nach wie vor schwer, eigene Hoheitsbereiche aufzugeben und auf Mitarbeiter zu übertragen.

Schnelligkeit

Die Zeit von der Produktentwicklung bis zur Markteinführung ist entscheidend für den Verkaufserfolg. Damit Aufgaben umgehend erledigt werden können, ist ein ständiges Bewusstsein über Prozesse, potenzielle Problemfelder und Schnittstellen erforderlich. Zeitnahe Rückmeldungen an Mitarbeiter sind ebenso notwendig wie das unmittelbare Eingehen auf Schwierigkeiten in Arbeitsabläufen. Wie sich zeigt, sind Führungskräfte hinsichtlich ihrer Schnelligkeit im Vergleich zu den anderen drei Komponenten agiler Führungskompetenzen am besten aufgestellt. 28% der Führungskräfte aus der Stichprobe werden mit einem Erreichungsgrad von mehr als 75% bewertet. Nur 6% der Führungskräfte müssen noch deutlich an dieser Kompetenz arbeiten.

Flexibilität

Flexible Führungskräfte sind offen für unbekannte Aufgabenfelder, suchen unkonventionelle Lösungswege und können sich auf ganz unterschiedliche Teams einstellen. Sie gestalten Führungsaufgaben variabel, je nachdem welche Reaktion die Situation erfordert. Gleichzeitig erwarten sie von ihren Mitarbeitern offene Denkansätze und die Übernahme der Verantwortung für die eigene persönliche Entwicklung. Dieser Typ von Führungskräften unterstützt Mitarbeiter auch bei der Übernahme herausfordernder Aufgaben. Deutschen Führungskräften fällt diese Kompetenz besonders schwer: Nur 17 % der Stichprobe werden in unserer Untersuchung mit hohen Werten in Bezug auf Flexibilität bewertet. 37 % der Führungskräfte zeigen dagegen eher unflexible Verhaltensweisen (d. h. einen Wert von 50 % oder weniger, sie zeigen sich also nur „gelegentlich flexibel").

Reaktionsfähigkeit

Führungskräfte sollen auch in komplexen Situationen mit unsicheren Einflussfaktoren handlungsfähig bleiben. Entscheidungen müssen zeitnah getroffen werden, ohne alle möglichen Ausgansoptionen bewerten zu können. Dies widerspricht der klassischen Vorgehensweise detaillierter Risikoanalysen. Widersprüchliche Anforderungen dauerhaft aushalten können – die sogenannte Ambiguitätstoleranz – wird immer wichtiger für Führungskräfte. Gleichzeitig müssen sie auf Veränderungen nicht nur reagieren, sie sollen den Wandel auch proaktiv gestalten. Unsere Studie zeigt, dass knapp ein Viertel der Führungskräfte bereits einen hohen Erfüllungsgrad in dieser Dimension aufweist – die überwiegende Mehrheit besitzt hier aber noch deutliches Verbesserungspotenzial.

Vier Typen von HR-Bereichen

Während sich die Messung agiler Führung nach der von uns verwendeten Kategorisierung auf die Befähigung von Mitarbeitern für den selbstgesteuerten Umgang mit zukünftigen Herausforderungen fokussierte, interessierten wir uns darüber hinaus im zweiten Untersuchungsblock für das Ausmaß der Reflexion vergangener Maßnahmen und die Feedbackkultur des Unternehmens. In Anlehnung an die Idee der lernenden Organisation[69] gehen wir davon aus, dass ein Lernen aus Fehlern und eine nachhaltige Evaluation der Unternehmensaktivitäten genauso notwendig sind wie das kontinuierliche Monitoring zukünftiger Trends.

---

[69] Vgl. Marsick & Watkins (2003).

Zu dieser Lernkultur gehört auch ein hohes Maß an Integrität und Wertschätzung durch Führungskräfte – nur in einer vertrauensvollen Umgebung werden Irrtümer zugegeben und konstruktiv zum Anstoß von Verbesserungsvorschlägen genutzt.

Abbildung 11 stellt die Grundannahmen und untersuchten Dimensionen unserer Befragung dar. Wir gehen davon aus, dass zukunftsorientierte, agile Führung und eine nachhaltige Lernkultur ineinander greifen müssen, um maximale Wirksamkeit entfalten zu können. Als abhängige Variable betrachten wir zum einen die Mitarbeiterbindung in Form der Wechselabsicht in andere Unternehmen. Diese Messgröße hat über die Sicherung von Wissensressourcen hinaus entscheidenden Einfluss auf die Unternehmensleistung, insbesondere bei hoch qualifizierten Fachkräften[70]. Außerdem berücksichtigen wir das Commitment der Mitarbeiter, welches das Ausmaß der Identifikation und Einsatzbereitschaft für das Unternehmen beschreibt[71]. Auch diese Kennzahl ist zentral für die Rentabilität von Unternehmen und steht in enger Verbindung mit dem Unternehmenserfolg[72]. Neben dem objektiv messbaren Firmenergebnis rücken wir auch die Attraktivität von Unternehmen als Arbeitgeber in den Fokus, in der Annahme, dass eine hohe

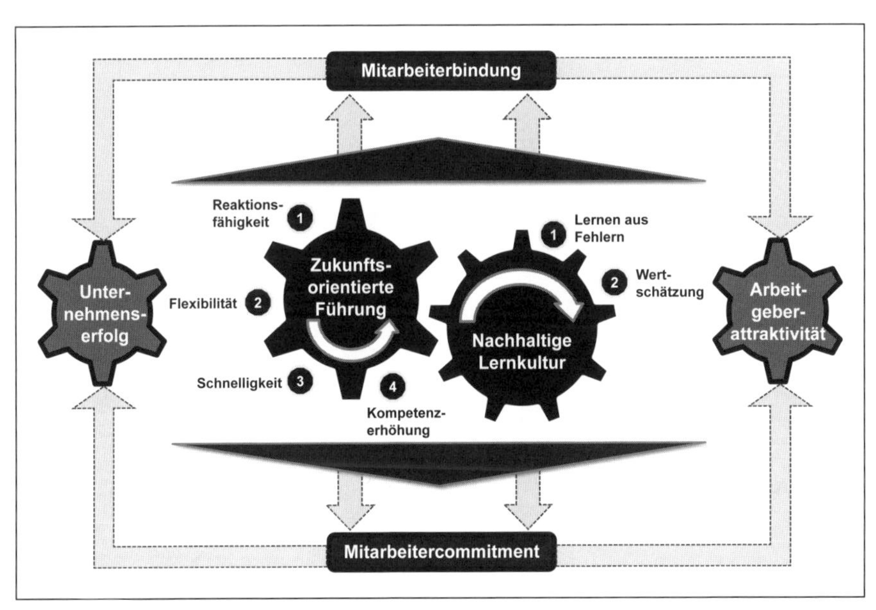

Abb. 11: Zukunftsorientierte Führungskultur und nachhaltige Lernkultur als Erfolgstreiber (in Anlehnung an Hackl, Gerpott & Vacek, 2014).

[70] Vgl. Park & Shaw (2013).
[71] Vgl. Allen & Meyer (1990).
[72] Vgl. Conway & Briner (2012).

Mitarbeiterbindung und ein ausgeprägtes Commitment über verschiedene indirekte Mechanismen – wie das durch die Beschäftigten nach außen getragene Image – diese erhöht. Im Zuge des sich verschärfenden Fachkräftemangels stellt die Arbeitgeberattraktivität eines Unternehmens eine nicht zu vernachlässigende Größe zur Gewährleistung einer ausreichenden Zahl qualifizierter Mitarbeiter dar.

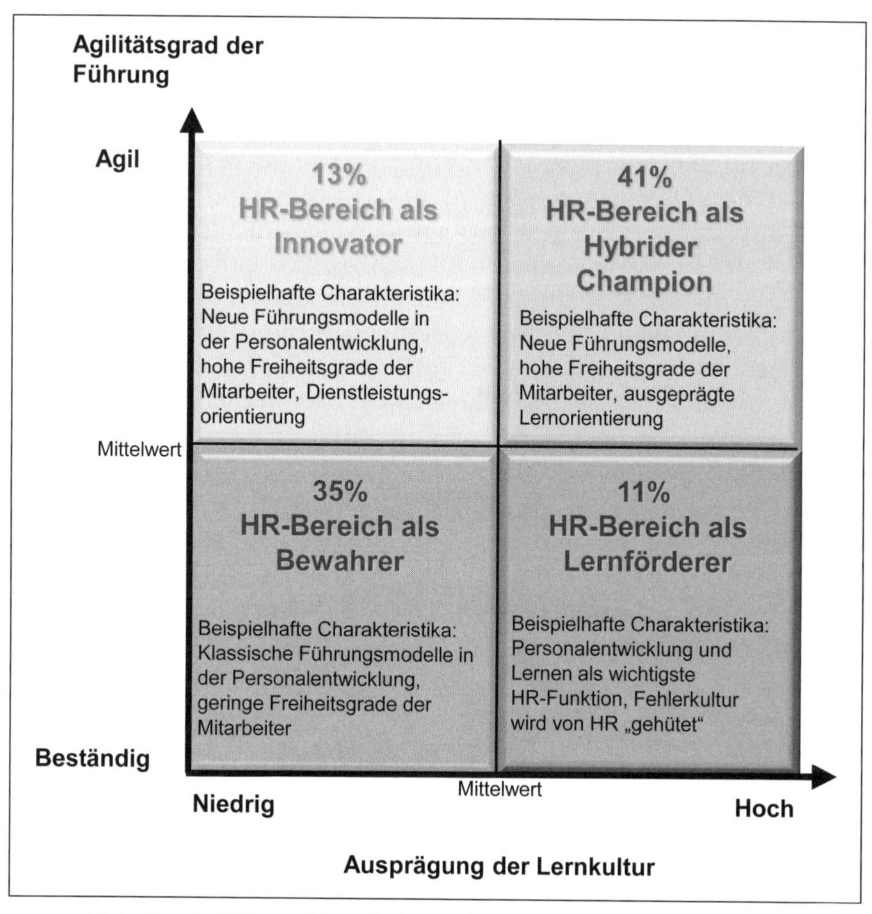

Abb. 12: Agilität und Lernkultur: Vier Typen von HR-Bereichen[73]

In unserer Befragung ließen wir die Teilnehmer sowohl den Agilitätsgrad ihrer Führungskraft in den vier erläuterten Kategorien als auch die Lernkultur bei ihrem Arbeitgeber bewerten. In der Folge leiten sich aus unseren Untersuchungen vier Typen von Unternehmen bzw. vier Typen von HR-Bereichen ab: Hybride Champions, Innovatoren, Lernförderer

[73] Vgl. Hackl et. al. (2014).

und Bewahrer (siehe Abbildung 12)[74]. Eine Auswertung des Zusammenhangs mit Erfolgskenngrößen zeigt: Beide Logiken (Agilitäts- und Lernorientierung) sind untrennbar miteinander verbunden, ein weiteres Zeichen für den Wertbeitrag eines funktionierenden HRM. Wir diskutierten diese Befunde mit Praxisvertretern und reicherten sie mit Erfahrungswerten aus Best Practice-Beispielen an. Im Folgenden stellen wir die vier Typen vor und erläutern ihre zentralen Charakteristika.

HR als Hybrider Champion

Die Kombination aus agiler Führung und nachhaltiger Lernkultur findet sich bei den Hybriden Champions. Dieser Unternehmenstyp ist der erfolgreichste in unserer Befragung. Mitarbeiter haben hier nicht nur den mit Abstand geringsten Wechselwunsch, sondern zeichnen sich auch durch ein überdurchschnittlich hohes Commitment aus. Die Arbeitgeberattraktivität von Hybriden Champions liegt deutlich über den Werten der anderen Unternehmenstypen. Die Stärke resultiert aus der konsequenten Verknüpfung von zukunftsorientierter Führung in Form von Reaktionsfähigkeit, Flexibilität, Schnelligkeit und Kompetenzerhöhung der Mitarbeiter mit einer nachhaltigen Lern- und Fehlerkultur. Führungskräfte nehmen sich Zeit für die Analyse künftiger Entwicklungen und halten darüber hinaus die Erfolge implementierter Maßnahmen konsequent nach. Nicht jeder Trend wird sofort verfolgt, sondern zunächst unter Berücksichtigung externer und interner Perspektiven evaluiert und in exemplarischen Projekten pilotiert. Irrtümer und Fehlentscheidungen werden offen angesprochen und fließen nicht in die Leistungsbewertung ein. Führungskräfte verstehen sich selbst vor allem als „Enabler", als Ermöglicher der eigenständigen Entfaltung von Mitarbeitern. Demokratische Führung ist bei diesem Unternehmenstyp kein Mittel der Verantwortungsabwälzung auf die Geführten – Führungskräfte nehmen ihre Steuerungspflicht durch regelmäßige Feedbacktermine und konkrete Zielsetzungen wahr. Hybride Champions vereinen die Vorteile der Innovatoren und Lernorientierten: Sie zielen auf die Zukunft ab, beziehen dabei aber bisherige Schwachpunkte zur kontinuierlichen Verbesserung ihrer Prozesse ein. HR-Bereiche dieser Art zeigen weder überstürzten Aktionismus bei jeder Umweltveränderung noch verharren sie zu lange in der Fehleranalyse. Sie haben die richtige Mischung aus Vergangenheits- und Zukunftsorientierung gefunden.

[74] Vgl. Hackl et. al. (2014).

HR als Innovator

Als weitere Gruppe identifizierten wir die Innovatoren. Sie sind gewissermaßen die Showstars der Agilität – bei ihnen ist alles auf Zukunft ausgerichtet. Führungskräfte in Unternehmen mit diesem HR-Typ fördern die Eigenständigkeit ihrer Mitarbeiter, unterstützen den Erwerb entsprechender Kompetenzen und identifizieren Trends nicht nur, sondern nutzen sie umgehend zur Ableitung von Handlungsstrategien. Hier ist Unternehmertum und Innovationsfähigkeit in der agilen Unternehmens-DNA verankert, woran die Mitarbeiter auch bei jeder passenden (und unpassenden) Gelegenheit erinnert werden. Einige dieser Unternehmen verfügen über umfangreiche Kompetenzmodelle mit einer kaum zu überblickenden Anzahl an Unterklassen, welche die Führungsanforderungen in einer volatilen Umgebung beschreiben. Netzwerkfähigkeit, Dienstleistungsorientierung, Unternehmens- und Gesellschaftsverständnis, Prozessmanagement, persönliche Stabilität – die Inhalte haben durchaus ihre Berechtigung, vorausgesetzt man findet sich im Kompetenz-Dschungel noch zurecht. Die Innovatoren haben verstanden, was Agilität bedeutet und sind auch entsprechend erfolgreich in einer volatilen Umwelt. Problematisch ist allerdings die enorme Geschwindigkeit bei gleichzeitig verhältnismäßig geringer Reflexion vorangegangener Maßnahmen. Zynische Stimmen mögen es blinden Aktionismus nennen, jedenfalls ist die Zahl der neuen Initiativen und Projektgruppen in diesen Unternehmen beachtenswert hoch. Bisweilen ist bei den Innovatoren auch eine überaus positive Grundeinstellung zu beobachten – alles ist exzellent, modern und außergewöhnlich. Anstelle von Ehrlichkeit und konstruktiven Bewertungen dominiert hier ein übertriebener Optimismus, der echte Reflexion verhindern kann. Während der Agilitätsgrad der Führung bei den Innovatoren äußerst hoch bewertet wird, ist die Lernkultur in Form der Diskussion von Fehlern und offenen Rückmeldungen vergleichsweise negativ ausgeprägt. Mitarbeiter dieses Unternehmenstyps zeigen ein durchschnittlich ausgeprägtes Commitment sowie eine durchschnittliche Wechselbereitschaft. Dies ist durchaus zufriedenstellend, bedeutet es doch, dass 51 % der Arbeitnehmer auf keinen Fall das Unternehmen wechseln wollen und nur 6 % eine Neuorientierung planen. Gleichzeitig bleibt jedoch eine Gruppe von 43 % der Teilnehmer, die einem neuen Arbeitgeber möglicherweise nicht abgeneigt wären. Auf Dauer können die ständigen Neuerungen und das kontinuierlich hohe Innovationstempo diese Mitarbeiter überlasten und zu einem tatsächlichen Wechsel führen. Den Innovatoren fehlt es an Nachhaltigkeit. Letztendlich stellt die hohe Dynamik dieses HR-Typs nicht nur seine größte Chance, sondern auch sein höchstes Risiko dar.

HR als Lernförderer

Die Gruppe der Lernförderer zeichnet sich durch eine überdurchschnittlich positive Lernkultur aus. Fehler werden hier offen diskutiert, und Wertschätzung findet sich nicht nur als Worthülse auf den Hochglanzseiten der Unternehmensbroschüren, sondern wird auch tatsächlich im Arbeitsalltag gelebt. Die Merkmale agiler Führung sind dagegen eher gering ausgeprägt. Unternehmen mit HR-Bereichen dieses Typs sind beispielsweise alteingesessene Familienunternehmen mit ausgeprägter Wertkultur und langfristiger statt kurzfristiger Orientierung. Gefährlich ist dabei, dass zu wenig auf Zukunftstrends und Veränderung gesetzt wird und Marktchancen ungenutzt bleiben. Eine solche Orientierung kann dämpfend auf das Engagement der Mitarbeiter wirken – während die Mitarbeiterbindung zwar durchschnittlich ausgeprägt ist, zeichnet sich dieser Typus durch ein leicht unterdurchschnittliches Commitment der Beschäftigen aus. Eine höhere Offenheit für Veränderungsvorschläge der Mitarbeiter und die Abkehr von alten Routinen könnten den Lernförderern helfen, das Commitment zu stärken und ungenutzte Potenziale zu heben[75].

HR als Bewahrer

Personalbereiche des Typs „Bewahrer“ verfügen nur über eine schwach ausgeprägte Lernkultur und verwenden vergleichsweise althergebrachte, seit Jahren wenig veränderte Führungsmodelle. Neue Anforderungen einer volatilen Umgebung werden in den traditionellen Führungsansätzen lediglich in marginalem Ausmaß berücksichtigt. Mit Kompetenzmodellen von gestern werden bei den Bewahrern heute die Führungskräfte von morgen ausgewählt – diese Vorgehensweise eignet sich kaum zur Sicherung künftiger Wettbewerbsfähigkeit. In Unternehmen mit einem derartigen Typ von HR-Bereich findet wenig Empowerment der Mitarbeiter statt, also wenig Übertragung von Autonomie und Verantwortung. Führungskräfte schränken nicht nur den Handlungsspielraum der von ihnen geführten Mitarbeiter ein, sie verhindern durch das Vorhalten von Weiterbildungs- und Entwicklungsmöglichkeiten auch das Entstehen einer förderungsorientierten Lernkultur. Wenn Personalentwicklung überhaupt angeboten wird, dann eher nach dem Gießkannenprinzip, statt aus zielgerichteten strategischen Überlegungen heraus. Im Vergleich zu anderen Unternehmen zeigen Beschäftige hier nicht nur ein geringes Commitment, sondern auch eine überdurchschnittlich hohe Wechselbereitschaft. Dementsprechend negativ sind

---

[75] Vgl. Malik, Chugtai, Iqbal & Ramzan (2013).

die Folgen für die Arbeitgeberattraktivität: Nirgendwo ist die Bewertung niedriger als bei den Bewahrern.

Insgesamt zeigt diese Bestandsaufnahme deutscher HR-Bereiche ein heterogenes Bild. Die Ergebnisse verdeutlichen zum einen, dass im Führungshandeln der wesentliche Stellhebel zur Entwicklung agiler Organisationsformen und zur Erhöhung der Mitarbeiterbindung zu finden ist. Zum anderen wird sichtbar, dass agile Führung am besten in Kombination mit einer positiv ausgeprägten Fehlerkultur wirkt. Das Ganze ist in diesem Fall mehr als die Summe seiner Teile – nur durch ein simultanes Zukunfts- und Vergangenheitsbewusstsein kann maximale Leistung erreicht werden.

2.2.3 Implikationen für eine neue Wertarchitektur von HR-Bereichen

Flexible Organisationsformen in einer evolvierenden Markt-Unternehmens-Mitarbeiterlogik (siehe Kapitel 1) brauchen neue Führungs-, Lern- und Zusammenarbeitsmodelle, damit Agilität wirklich entwickelt und gelebt werden kann. Die Herausforderungen an Unternehmen in Bezug auf Agilität sind hinreichend in Kapitel 1 dargestellt worden. Wir konnten vier Typen von HR-Bereichen identifizieren, wobei nur die Hybriden Champions (43 % der befragten HR-Bereiche) die agilen Grundkompetenzen wirklich aktiv entwickeln und für sich nutzbar machen.

Mit den agilen Anforderungen von Unternehmen verändert sich auch die Rolle des HR-Bereichs. Die Erwartung der Unternehmensführung steigt und eine aktive Gestaltungsagenda von Enthierarchisierung, Entbürokratisierung und Stärkung der Mitarbeiter wird für HR-Bereiche in einer neuen Wertarchitektur unerlässlich. Die Inhalte der Führungs- und Personalentwicklung sind auf die vier Grundkompetenzen der Agilität hin auszurichten: Kompetenzerhöhung, Reaktionsfähigkeit, Schnelligkeit und Flexibilität.

Die bisherigen Managementsysteme sollten darauf hin geprüft werden, ob sie von jedem Mitarbeiter ausreichend Problemlösungskompetenz und Eigenverantwortung einfordern. Die Rekrutierungsprozesse könnten – sofern der Arbeitsmarkt es ermöglicht – dahin weiterentwickelt werden, Mitarbeiter einzustellen, die bereits ausgeprägte „Agil-Kompetenzen" in Ihrem Kompetenzprofil mitbringen. Insgesamt müssen HR-Bereiche Ihre Leistungsprozesse dergestalt ausrichten, dass Eigenverantwortung der Mitarbeiter, Unternehmertum und Anpassungsfähigkeit zu den zentralen Ergebnissen von HR-Aktivitäten gehört.

2.3 Individualisierung

Ein Blick auf die Erwartungen heutiger Arbeitnehmer stellt das HR Management vor völlig neue Herausforderungen: Die Pluralität der Anforderungen ist derart umfassend, dass ein standardisierter Katalog an Personalinstrumenten vollkommen ungeeignet ist, um die individuellen Bedürfnisse von Mitarbeitern zu erfüllen. Unterschiede zwischen Arbeitnehmern gab es schon immer, doch nie waren sie so breit gefächert wie heute. Im Zuge des Fachkräftemangels können Unternehmen diese nicht mehr ignorieren, wenn sie Mitarbeiter in Schlüsselpositionen gewinnen und halten wollen. Wir konzentrierten uns in unseren Studien auf die Anforderungen in Bezug auf unterschiedliche Generationstypen, um daran exemplarisch die Vielfalt der Bedürfnisse aufzuzeigen. Gleichzeitig ist dieses Feld besonders geeignet, um mit gängigen Fehleinschätzungen des HRM aufzuräumen, die auf stereotypischen Vermutungen über die Wünsche der Generationen basieren und stattdessen herauszuarbeiten, wie wichtig die Befragung der eigenen Mitarbeiter für die Entwicklung eines wirklich individualisierten Portfolios ist. Selbstverständlich stellt die Generationenzugehörigkeit nur eine Komponente bei der Einflussnahme auf Bedürfnisse dar. Gleiches gilt für den nationalen Hintergrund, geschlechterbezogene Sozialisierung und weitere prägende Merkmale von Menschen. Der Mechanismus der Prägung durch gemeinsame Erfahrungen und gesellschaftliche Umstände gilt aber für alle Charakteristika gleichermaßen und wird in Unterkapitel 2.3.1 dargestellt. Außerdem fassen wir an dieser Stelle bisherige Untersuchungen zu Merkmalen der verschiedenen Generationen in der Arbeitswelt zusammen. Im Anschluss erläutern wir in Kapitel 2.3.2 die Relevanz verschiedener Personalinstrumente für die einzelnen Generationen, sowohl aus Sicht der Arbeitgeber (Personaler, Geschäftsführer, Führungskräfte), als auch aus Sicht der Arbeitnehmer selbst. Im Unterkapitel 2.3.3 fassen wir die Auswirkungen des Individualisierungstrends auf die Gestaltung einer neuen HR-Wertarchitektur zusammen.

2.3.1 Theoretischer Hintergrund: Individualisierung der Generationen

Was für ein Individuum wichtig ist und was nicht, wird wesentlich durch seine Wertvorstellungen geprägt. In Gesellschaften, in denen das Familienleben einen hohen Stellenwert einnimmt, ist der Aufbau einer Großfamilie beispielsweise wichtiger als das Erklimmen der Karriereleiter. Werte umfassen grundlegende gesellschaftliche „Vorstellungen des Wünschbaren“[76] und sind Orientierungsleitlinien „für Richtung, Intensität, Ziel und Mittel des Verhaltens von Angehörigen des betreffenden soziokulturellen Bereichs“[77]. Auf gesellschaftlicher Ebene stellen Werte abstrakte Konstrukte dar, die sich auf der Ebene des Individuums in konkreten Wertvorstellungen mit handlungsbeeinflussendem Charakter manifestieren. Betrachtet man Deutschland, so ist erkennbar, dass beispielsweise Selbstverwirklichung als hoher Wert angesehen wird (siehe Grundgesetz). Auf individueller Ebene schlägt sich diese Grundorientierung in konkreten Aktivitäten wie der interessengeleiteten (statt arbeitsmarktbezogenen) Studienwahl nieder. Abbildung 13 verdeutlicht, wie sich Aspekte des gemeinsamen Erlebnishintergrunds von Generationen in kollektiven Werten niederschlagen, die dann wiederum Wertvorstellungen auf individueller Ebene beeinflussen. Arbeitsbezogene Werte sind eine Teilmenge der eigenen Wertelandschaft und zentral für die an das HRM gestellten Anforderungen.

Kollektive und individuelle Wertvorstellungen sind – wie in Abbildung 13 dargestellt – eng miteinander verknüpft. Die Kopplung resultiert aus einem sogenannten psychischen Internalisierungsprozess während

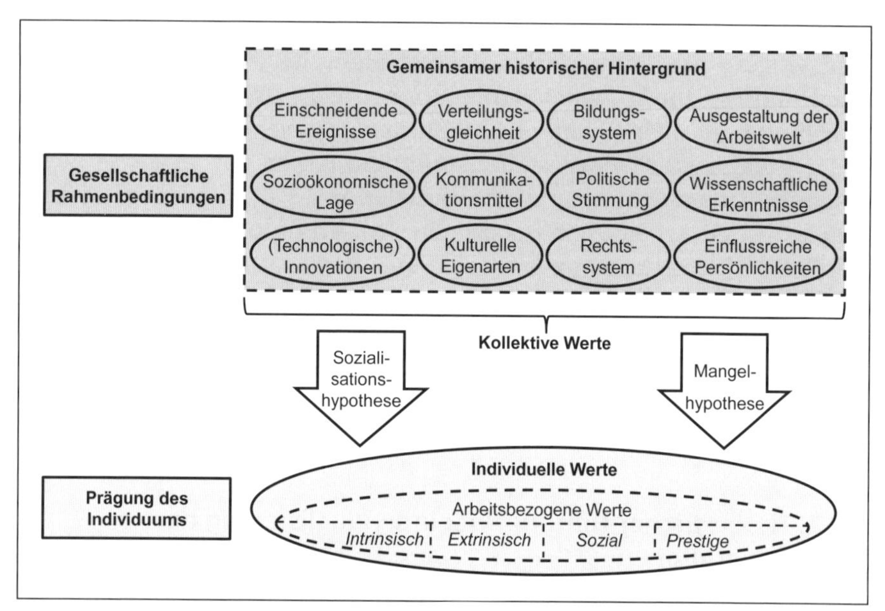

Abb. 13: Verbindung von gesellschaftlichen Rahmenbedingungen und individueller Prägung als Mechanismen der Entstehung von Generationen

[76] Kluckhohn (1951), S. 395.
[77] Rudolph (1959), S. 164.

der Jugendzeit/frühen Adoleszenz (formative Phase). Das bedeutet, dass gesellschaftlich vorgelebte Werte mit der Zeit in das eigene Wertesystem übergehen. Der Prozess ist unter Rückgriff auf die Sozialisations- und Mangelhypothese zu erklären. Diese von Ronald Inglehart stammenden Thesen umfassen die Annahmen, dass die Wertvorstellungen eines Menschen während des Aufwachsens geprägt werden (Sozialisationshypothese) und das zu dieser Zeit vorherrschende sozio-ökonomische Umfeld reflektieren (Mangelhypothese)[78]. Anlehnend an die Bedürfnishierarchie von Abraham H. Maslow[79] müssen zunächst grundlegende physiologische Ansprüche und Sicherheitsbedürfnisse erfüllt sein. Sind diese Bedingungen in der formativen Phase gewährleistet, gewinnen Bedürfnisse „höherer Ebenen" an Bedeutung, sodass soziale Aspekte und Möglichkeiten zur Selbstverwirklichung (postmaterialistische Werte) für die aufwachsende Generation wichtiger werden.[80]

Da neue Ereignisse auftreten und gesellschaftliche Rahmenbedingungen sich ändern können, unterliegen auch kollektive Werte einem ständigen Wandel. Die Kontinuität der Wertveränderungen verdeutlicht, warum sich die Abgrenzung von Generationen als schwierig erweist – es ist kaum möglich zu bestimmen, ab wann sich Werte so stark verändert haben, dass von einem Wertewandel und damit implizit auch von einer neuen Generation gesprochen werden kann. Der Vorgang der kollektiven Veränderung vollzieht sich eher fließend als abrupt. Der (schleichende) Werte- und Generationswechsel ist also dadurch gekennzeichnet, dass eine bedeutende Anzahl an Individuen ihre Wertprioritäten ändert.

---

[78] Inglehart (1995), S. 92.

[79] Die Bedürfnishierarchie von Maslow (1943) ist eine sozialpsychologische Theorie, die menschliche Bedürfnisse und Motivationen beschreibt. Sie wird üblicherweise in Form einer Pyramide interpretiert (Bedürfnispyramide), wobei die unterschiedlichen Stufen der Pyramide gleichbedeutend sind mit Dimensionen von menschlichen Bedürfnissen. Die jeweils unten gelegene Stufe bedingt die darüber liegende. Auf der untersten Stufe finden sich nach Maslow physiologische Bedürfnisse, gefolgt von Sicherheitsbedürfnissen, sozialen Bedürfnissen und Individualbedürfnissen. Die Spitze der Pyramide bildet die Selbstverwirklichung.

[80] Basierend auf diesen Annahmen hat Ingleharts Theorie der stillen Revolution große Bekanntheit erlangt, welche einen Wandel von materialistischen zu postmaterialistischen Werten in der westlichen Welt postuliert. Da grundlegende Bedürfnisse flächendeckend erfüllt sind, stellt Inglehart (1995) in empirischen Untersuchungen fest, dass materialistische Werte an Bedeutung verlieren und postmaterialistische Werte der Selbstverwirklichung an Ansehen gewinnen.

Status Quo: Drei Generationen in der Arbeitswelt

Erwerbstätige in der heutigen Arbeitswelt lassen sich den drei Generationen Y (18–30 Jahre), X (31–50 Jahre) und Baby Boomer (51–65 Jahre) zuordnen.[81] Über deren Auftretenshäufigkeiten in Deutschland informiert Tabelle 2.[82]

Tab. 2: Abgrenzung der Generationen Y, X und Baby Boomer in Deutschland

Geburts-jahrgänge	Gene-ration	Alter heute	Mio. Per-sonen 2008[a]	Anteil an Erwerbs-bevölke-rung 2008 (in %)	Mio. Per-sonen 2020[a]	Verände-rung 2020 zu 2008 (in %)
1983–1995	Y	18–30	9,9[b]	19,9 %	8,5	–14,1 %
1963–1982	X	31–50	24,3[c]	48,9 %	19,8	–18,5 %
1948–1962	Baby Boomer	51–65[d]	15,5[e]	31,2 %	19,2	+23,9 %

a) Statistisches Bundesamt (2009), S. 17 und 44

b) Umfasst Personen von 20 bis unter 30 Jahre

c) Umfasst Personen von 30 bis unter 50 Jahre

d) Die schrittweise Erhöhung des Renteneintrittsalters ab 2012 auf 67 Jahren ist für Jahrgänge vor 1947 nicht relevant, deswegen Wahl der vorher gültigen Renteneintrittsgrenze von 65 Jahren

e) Umfasst Personen von 50 bis unter 65 Jahre

Die Anforderungen und Werte der Generationen Y, X und Baby Boomer werden in zahlreichen Publikationen thematisiert, die sich allerdings vorrangig auf grundlegende Einstellungen beziehen und spezifische Anforderungen der Arbeitswelt außer Acht lassen. Es handelt sich um idealtypische Charakterisierungen der Generationen, die keinesfalls den Anspruch erheben, im Einzelfall zuzutreffen, sondern eine Zusammenfassung gesamtgesellschaftlicher Trends und kollektiver Werte bieten. Viele der Untersuchungen stammen von Beratungen[83] oder

[81] Zum Teil wird die Baby Boomer Generation nur auf die Jahrgänge 1955–1965 bezogen und die Jahrgänge 1946–1954 gesondert als Wirtschaftswundergeneration erfasst. Da sich die Situationen der Arbeitswelt, die in der die Wirtschaftswunder- und Baby Boomer-Generation sozialisiert wurden, stark ähneln (Bruch, Kunze & Böhm, 2010, S. 103), wurde auf diese zusätzliche Unterteilung verzichtet.

[82] Vgl. Deutsche Gesellschaft für Personalführung (2011), S. 9; Liotta (2012), S. 19; Zemke, Raines & Filipczak (2000), S. 3.

[83] Vgl. Accenture (2012); Forrester Consulting (2006); Kienbaum (2010); KPMG (2007); PricewaterhouseCoopers (2008; 2011).

sind populärwissenschaftlicher Natur[84], so dass eine gewisse Trend- und Verkaufsorientierung nicht ausgeschlossen werden kann. Zudem stammt die generationenvergleichende, wissenschaftliche Literatur vor allem aus dem nordamerikanischen Raum und ist vor dem Hintergrund begrenzter kulturübergreifender Transferierbarkeit kritisch zu betrachten.[85]

Neben dem Einfluss der generationalen Prägung auf Wertvorstellungen von Arbeitnehmern ist unbestreitbar, dass auch universell auftretende Alters- sowie Lebensphaseneffekte die Anforderungen der Erwerbspersonen in der heutigen Arbeitswelt beeinflussen. Während das Alter mit biologischen Reifungsprozessen verknüpft ist,[86] bringen Lebensphasen (z. B. Berufseinstieg, Familiengründung) die Bewältigung spezifischer Herausforderungen mit sich.[87] Bei der anschließenden Zusammenfassung der bisherigen Forschungslage werden Generations-, Alters- und Lebensphaseneffekte gleichermaßen berücksichtigt.

Generation Y

Die jüngste Altersgruppe in der Arbeitswelt (18-30 Jahre) besteht aus der Generation Y[88], die auch Generation Why, Digital Natives, Millennials oder Generation Praktikum genannt wird.[89] Nicht nur die Bezeichnungen der Generation sind äußert vielfältig, auch die widersprüchlichen Charakterisierungen weisen auf die Unsicherheit hin, mit der Arbeitgeber die „neue Talentgeneration"[90] zu erfassen versuchen. Während ihr auf der einen Seite eine Leistungsexplosion, hohe Flexibilität und Netzwerkfähigkeit zugesprochen wird, fürchten sich Personalverantwortliche auf der anderen Seite vor ihrer Spaßorientierung, ihrer niedrigen Unternehmensbindung, ihrer Führungsunwilligkeit und ihren

---

[84] Vgl. Coupland (1992); Palfrey & Gasser (2008); Tulgan (1997); Viljakainen & Müller-Eberstein (2012).

[85] Vgl. Oertel (2008), S. 98–100; Schulte (2012), S. 31.

[86] Beispielsweise wird eine Abnahme der fluiden Intelligenz (= informationsverarbeitende Fähigkeiten) und eine Zunahme der kristallinen Intelligenz (= erfahrungsbezogene Fähigkeiten) durch reifungsbedingte neurobiologische Veränderungen festgestellt. Vgl. hierzu Baltes (1987); Cattell (1971); Horn (1970; 1982).

[87] Lebensphasenorientierte Theorien wie z. B. das Stufenmodell der psychosozialen Entwicklung von Erikson (1950; 1959; 1968) nehmen an, dass der Mensch im Lebensverlauf altersspezifische Entwicklungsherausforderungen zu bewältigen hat. Bei Nichterfüllen entstehen Unzufriedenheit und Probleme bei der Bewältigung künftiger Entwicklungsaufgaben.

[88] Namensherkunft: Generation Y als chronologische/alphabetische Nachfolgegeneration von X.

[89] Vgl. Deutsche Gesellschaft für Personalführung (2011), S. 10.

[90] Vgl. Deutsche Gesellschaft für Personalführung (2011), S. 5.

Ansprüchen an eine „Wohlfühlkultur" in der Arbeitswelt.[91] Die jungen Arbeitnehmer werden als umkämpfte „High Potentials" charakterisiert, für die Unternehmen ihre Personalmarketing- und Anreizsysteme umstellen[92] – gleichzeitig ist ein erschwerter Berufseintritt mit prekären Beschäftigungsverhältnissen, dauerhaften Praktika und einem Zwang zur Lebenslaufoptimierung zu beobachten.[93] Diese ambivalenten Auffassungen werden in Tabelle 3 zu einer Beschreibung der Generation Y zusammengeführt.

Tab. 3: Charakterisierung der Generation Y[94]

Lebensphase/ Biologische Alterung	Werte und Anforderungen	Situation bei Eintritt in die Arbeitswelt	Weitere Merkmale
• Berufseinstieg und Etablierung im Berufsleben • Herausforderung: Entwicklung eines eigenen Lebensstils/ Identitätsfestigung → Orientierung an Mentoren/ Vorbildern	**Extrinsisch** • Solides Grundgehalt gewünscht, darüber hinaus eher geringe Bedeutung • Niedriges Sicherheitsbedürfnis **Intrinsisch/Selbstentwicklung** • Hohe Leistungsorientierung	• Flexibilisierung von Arbeitsraum und -zeit • Internationalisierung der Arbeitswelt • Ständige Erreichbarkeit/ digitale Vernetzung • Häufiger Arbeitgeberwechsel ist Normalität • Widersprüche zwischen etablierten Arbeitsroutinen vs. Notwendigkeit schneller Anpassungen	• Aufgewachsen in einer Zeit kontinuierlicher Veränderung und Unsicherheit → ständige Anpassung und unklare Zukunftsaussichten sind Normalität • Mischung aus hohem Idealismus und Relativismus

[91] Vgl. Bund, Heuser & Kunze (2013); Lemmer (2013); Opaschowski (2012); Werle (2012).

[92] Vgl. Wagner, Wittmann & Ries (2012), S. 32; Parment (2009), S. 68.

[93] Vgl. TNS Infratest Politikforschung (2010); Werle (2010).

[94] Eigene Zusammenstellung basierend auf Bristow, Amyx, Castlelberry & Cochran (2011); Bruch, Kunze & Böhm (2010); Cogin (2012); Deutsche Gesellschaft für Personalführung (2011); Glass (2007); Klaffke & Parment (2011); Levinson (1978); Martin (2005); Parment (2009); Rump & Eilers, (2013); Thom & Friedli (2008); Van Meter, Grisaffe, Chonko & Roberts (2013); Wagner, Wittmann, Ries (2012); Zopiatis, Krambia-Kapardis, Varnavas & Pavlou (2010); Zopiatis, Krambia-Kapardis & Varnavas (2012).

Tab. 3: Charakterisierung der Generation Y *(Forts.)*

Lebensphase/ Biologische Alterung	Werte und Anforderungen	Situation bei Eintritt in die Arbeitswelt	Weitere Merkmale
• Physisch und psychisch sehr leistungsfähig • Geringes Erfahrungswissen • Schnelle Lernfähigkeit • nicht bereitwillig aufgeben → Konflikt zwischen Aufstiegswunsch und Senioritätsprinzip (Leiden unter der „Baby-Boomer-Dominanz“)	• Suche nach Abwechslung/ Herausforderung/Sinn • Anspruch der ständigen Weiterentwicklung (persönlich und fachlich) • Arbeit als Identitätsausdruck • Bedürfnis nach Anerkennung, Respekt und (formellem sowie informellem) Feedback **Sozial** • Loyal gegenüber sozialen Netzwerken, nicht (nur) gegenüber Unternehmen • Kollegiales Umfeld/positives Arbeitsklima von Bedeutung • Teamorientierung statt Einzelkämpfertum **Karriere** • Ambivalente Befunde: Hohe Karriereorientierung vs. Fokus auf Work-Life-Balance • Ruf des Unternehmens von Bedeutung	• Zahlreiche Führungspositionen durch ältere Arbeitnehmer besetzt • Auf Langfristigkeit ausgelegte Vergütungssysteme verlieren an Bedeutung (kürzere Verweildauer im Unternehmen) • Traditionelle Rekrutierungswege werden durch innovative Formen und Netzwerke ersetzt	• Technologieaffin • Tolerant, weltoffen und multikulturell • Konsumorientierte Einstellung zur Arbeit • Fließender Übergang zwischen Berufs-/ Privatleben • Bewusstsein, sich ständig neu beweisen zu müssen → Würdigung aufgrund von Leistung, nicht aufgrund von Alter oder hierarchischer Position • Anspruchsvoll und hohes Selbstbewusstsein • Wertschätzung von visionärem Management statt transaktionaler Führung (Leistung und Gegenleistung) • Mangelnder Fokus und Orientierungslosigkeit

Generation X

Mit etwa 24 Mio. Arbeitnehmern stellt die Generation X (31–50 Jahre)[95] in Deutschland die aktuell größte Gruppe Erwerbstätiger. Eine grundlegende Ambivalenz innerhalb dieser Generation ergibt sich einerseits daraus, dass sie das wirtschaftliche Leben maßgeblich mit beeinflusst und dem Vorwurf andererseits, keine gemeinsamen gesellschaftlichen Ideen zu verfolgen und eine übermäßig hedonistische Grundeinstellung zu hegen.[96] Im (Berufs-)Leben etabliert, streben viele (vor allem männliche) Vertreter dieser Gruppe Führungspositionen in der Wirtschaft an und werden diese mit dem baldigen Austreten der Baby Boomer flächendeckend besetzen. Tabelle 4 fasst die Charakteristika dieser auch als „Generation Golf"[97] bezeichneten Gruppe zusammen.

Tab. 4: Charakterisierung der Generation X[98]

Lebensphase/ Biologische Alterung	Werte und Anforderungen	Situation bei Eintritt in die Arbeitswelt	Weitere Merkmale
• Mittleres Erwachsenalter • Oft intensive familiäre Verpflichtung durch Kinder und u. U. Pflege der eigenen Eltern à Vereinbarkeit von Beruf und Familie wichtig	**Extrinsisch** • Materialistischere Orientierung als Baby Boomer – monetäre Anreize und Statussymbole wichtig • Wertschätzung leistungsorientierter Vergütungssysteme	• Im Gegensatz zur vorherigen Generation der Baby Boomer Verlangsamung des wirtschaftlichen Wachstums und steigende Arbeitslosigkeit • Klima des ökonomischen Realismus (nach Ereignissen wie	• Aufgewachsen in einer Welt sinkender ökonomischer Sicherheit • Haben erfahren, dass gute Qualifikation und Leistung kein Garant für Arbeitsplätze sind • Waren oft früh auf sich allein gestellt

[95] Namensherkunft: US-amerikanischer Roman von Coupland (1992); Vgl. auch Bartels (2002).

[96] Bruch et. al. (2010), S. 106; Tulgan (1997), S. 7.

[97] Die Bezeichnung stammt von Illies (2000), der in seinem Roman „Generation Golf" das Lebensgefühl der Mitte der 1960er bis Ende der 70er Jahre Geborenen schildert und dabei deren materialistische Orientierung in den Vordergrund stellt. Nach seiner Meinung schätzt diese Gruppe Wohlstand und Marken mehr als Politik und Protest, sodass Genuss im Mittelpunkt ihres Lebens steht.

[98] Eigene Zusammenstellung basierend auf Arsenault (2004); Benson & Brown (2011); Bruch et. al. (2010); Cogin (2012); Levinson (1978); Lub, Bijvank, Bal, Blomme & Schalk (2012); O'Bannon (2001); Simons (2010); Smola & Sutton (2002); Tulgan (1997); Zemke et. al. (2000).

Tab. 4: Charakterisierung der Generation X *(Forts.)*

Lebensphase/ Biologische Alterung	Werte und Anforderungen	Situation bei Eintritt in die Arbeitswelt	Weitere Merkmale
• Gefahr der Midlife-Crisis (Angst vor Stagnation) • Zunehmendes Erfahrungswissen bei nach wie vor hoher physischer und psychischer Leistungsfähigkeit (trotz erster Alterungserscheinungen)	**Intrinsisch/Selbstentwicklung** • Individualistisch • Ehrlichkeit und Fairness im Fokus • Bedeutung lebenslangen Lernens erkannt **Sozial** • Unternehmensklima bedeutsam, aber keine besondere Präferenz für Teamarbeit (soziale Orientierung vergleichsweise gering ausgeprägt) **Karriere** • Spielt wichtige Rolle für soziale Anerkennung	dem Börsenkrach 1987) • Beginnende Globalisierung und steigende Bedeutung von Informationstechniken • Enthierarchisierung durch (teil-)autonome Arbeitsgruppen	(Berufstätigkeit beider Eltern) • Verlassen sich vor allem auf sich selbst → Desillusionierte Generation • Sehr direkt und rational • Pragmatisch mit Hang zum Zynismus • Ergebnis- statt Prozessorientierung • Stressresistent • Wunsch nach klarer, zielorientierter Führung • Loyal gegenüber eingeschlagenem Karriereweg, nicht gegenüber Firma

Baby Boomer Generation

Mit einem Anteil von mehr als 30 % an den Erwerbstätigen sind die Baby Boomer (51–65 Jahre) die zweitgrößte Arbeitnehmergruppe innerhalb der deutschen Wirtschaft. Ihre Bezeichnung geht auf die hohen Geburtenraten der Nachkriegszeit zurück, die in Deutschland 1964 mit knapp 1,4 Mio. Geburten ihren Höhepunkt erreichte.[99] Sozialisiert in einer Zeit ökonomischer Prosperität sind postmaterialistische Werte für diese Generation ebenso charakteristisch wie die Tatsache, dass Arbeit einen

[99] Vgl. Statistisches Bundesamt (2012).

zentralen Aspekt ihres Lebensentwurfs darstellt. Die Anforderungen und Merkmale dieser Generation sind in Tabelle 5 zusammengefasst.

Tab. 5: Charakterisierung der Generation Baby Boomer[100]

Lebensphase/ Biologische Alterung	Werte und Anforderungen	Situation bei Eintritt in die Arbeitswelt	Weitere Merkmale
• Widersprüchlich: Zwischen Ankommen in (höchsten) Führungspositionen und Warten auf Pensionierung • Häufig neuer Freiraum durch Älterwerden/ Auszug der Kinder • (Zwischen-) Bilanz über bisherigen Lebensverlauf; Zahl der noch realisierbaren Lebensziele reduziert sich • Erste Alterungserscheinungen machen sich bemerkbar; nachlassende physische Leistungsfähigkeit	**Extrinsisch** • Ambivalent: Geringe Wertschätzung von materiellen Anreizen aber Interpretation als Erfolgsindikator • Sicherheit hat hohen Wert **Intrinsisch/Selbstentwicklung** • Erwarten persönliche Anerkennung aufgrund von Lebensleistung und beruflicher Stellung **Sozial** • Hohe Teamfähigkeit (Konkurrenzsituation durch starke Jahrgänge gewohnt) **Karriere** • Im Vergleich zu nachfolgenden Generationen geringe Karriereorientierung	• Ökonomische Prosperität (Wirtschaftswunder), die allerdings Ende der 70er Jahre durch ökonomische Stagnation abgelöst wurde • Erste Sozial- und Umweltbewegungen (insbesondere 68er Bewegung) → stärkere Rolle der Gewerkschaften, Verkürzung der Arbeitszeit • Hierarchie und Senioritätsprinzip vorherrschend • Präsenzzeit entscheidend	• Hohes Pflichtbewusstsein gegenüber Arbeitgeber (Arbeit als Pflicht) • Hohe Sachlichkeit und Vernunft • Durchsetzungsfähigkeit • Feedback wird schnell als persönlicher Angriff aufgefasst • Schwierigkeiten mit anderen Ansichten • Geringere Lernorientierung als nachfolgende Generationen • Hohe Bindung an Unternehmen, Loyalität • Prozess- statt Ergebnisorientierung • Wünschen erfahrungsorientierte, wertschätzende und partizipative Führung

[100] Eigene Zusammenstellung basierend auf Bruch et. al. (2010); Cogin (2012); D'Amato & Herzfeldt (2008); Deutsche Gesellschaft für Personalführung (2011); Glass (2007); Hess & Jepsen (2008); Levinson (1978); Parment (2009); Rump & Eilers (2013); Smola & Sutton (2002).

Tab. 5: Charakterisierung der Generation Baby Boomer *(Forts.)*

Lebensphase/ Biologische Alterung	Werte und Anforderungen	Situation bei Eintritt in die Arbeitswelt	Weitere Merkmale
• Abnahme der fluiden Intelligenz (logisches Denken, Arbeitsgedächtnis) und Reaktionszeit • Zunahme der kristallinen Intelligenz (explizites und implizites Erfahrungswissen)	• Ruf des Unternehmens von untergeordneter Bedeutung		• Bevorzugen persönliche Kommunikation, Skepsis gegenüber virtueller Zusammenarbeit

Insgesamt zeigt sich damit ein recht vielfältiges (und zum Teil widersprüchliches) Bild der Generationen. Um diese Beschreibungen auf eine breitere empirische Basis zu stellen und für die Arbeit im HR-Bereich nutzbar zu machen, konzentrierten wir uns in unseren Studien auf die Betrachtung konkretere Personalinstrumente. Zum einen untersuchten wir deren Relevanz für die Generationen aus Sicht von Arbeitgebern und aus Sicht von Generationsvertretern selbst. Zum anderen betrachteten wir den bisherigen Umsetzungsstand von HR-Bereichen in Bezug auf eine generationenspezifische Ausrichtung ihrer Personalarbeit.

2.3.2 Derzeitiger generationenspezifischer Individualisierungsstand der Personalarbeit

Bis jetzt ist die Ausrichtung der Personalarbeit auf die drei Altersgruppen Generation Y (18–30 Jahre), Generation X (31–50 Jahre) und Baby Boomer (51–65 Jahre) kaum verbreitet. Das Problembewusstsein ist zwar durchaus vorhanden, Praktiker beklagen jedoch mangelnde Erfahrungen und fehlendes Wissen über geeignete Stellhebel. Aus diesem Grund untersuchten wir 23 Maßnahmen aus fünf Bereichen in Bezug auf ihre generationenspezifische Eignung. Dazu gehörte die Personalentwicklung (persönliche und fachliche Weiterbildung, regelmäßiges Feedback, Selbstverständnis der Führungskraft als Personalentwickler), die

Vergütungsgestaltung (leistungsorientierte Vergütung, nichtfinanzielle Zusatzanreize, individuelle Vertragsgestaltung, Mitarbeiterbeteiligung am Unternehmenserfolg) sowie die Karriereförderung (internationale Einsatzmöglichkeiten, attraktive Karrieremöglichkeiten, Talentpool für die gezielte Berücksichtigung bei Stellenbesetzungen, strukturierte Laufbahn für High Potentials, Möglichkeiten zur Übernahme von herausfordernden Aufgaben). Außerdem untersuchten wir als weitere Felder die Bedeutung der Vereinbarkeit von Beruf und Familie sowie verschiedene Aspekte der Unternehmenskultur. Die befragten Unternehmensvertreter wurden gebeten, die generationenspezifische Eignung für jede der untersuchten Maßnahmen in einer Rangfolge von 1 (niedrigste Relevanz) bis 3 (höchste Relevanz) zu bewerten. Abbildung 14 fasst die Untersuchungsergebnisse zusammen. Die Farbkennzeichnung stellt die absolute Wichtigkeit für die jeweilige Generation dar, die hellblau hinterlegten Felder kennzeichnen den im Generationenvergleich höchsten Wert.[101]

Unternehmen im Generationenkonflikt?

Es zeigen sich deutliche Unterschiede zwischen den drei Generationen in der Eignung der Maßnahmen zur Personalgewinnung und -bindung. Unternehmen sind auf die Generation X eingestellt: Für sie werden zahlreiche Maßnahmen als relevant bewertet, sodass ein breites Repertoire für deren Ansprache zur Verfügung steht. Für die Generation Y werden vor allem die Bedeutung von persönlicher Weiterentwicklung und Feedback hervorgehoben. Außerdem sind in den Augen der Befragten Maßnahmen zur Gestaltung attraktiver Karrieremöglichkeiten besonders wichtig. In ihrer Arbeitsform bevorzugen junge Mitarbeiter selbstorganisierte Arbeitsgruppen und flache Hierarchien, was den Wunsch nach Freiheit in der Tätigkeitsgestaltung zum Ausdruck bringt. Andere oft diskutierte Aspekte wie beispielsweise Corporate Social Responsibility, Frauenförderung oder Instrumente aus dem Bereich der Work-Life-Balance werden dagegen überraschenderweise als weniger wichtig angesehen.

Bei Mitarbeitern der Generation X rückt neben der ebenfalls hoch gewichteten persönlichen Weiterentwicklung die fachliche Fortbildung in den Vordergrund. Die Rolle der Führungskraft als Personalentwickler und Coach erhält bei Mitgliedern der Generation X im Vergleich zu den anderen Generationen die höchste Relevanz, sodass sich der Aufbau und Erhalt von (Experten-)Wissen nach Meinung der Befragten als wichtiges Thema für diese Gruppe ausnimmt. Weiterhin sind Maßnahmen

[101] Vgl. Gerpott, Hackl & Schirach (2013).

Faktor	Maßnahme	18–30 J.	31–50 J.	50+ J.
Personal-entwicklung	Persönliche Weiterbildung	1,27	1,33	2,24
	Regelmäßiges Feedback	1,34	1,44	2,08
	Fachliche Weiterbildung	1,42	1,27	1,98
	Führungskraft als Personalentwickler	1,82	1,50	2,09
Vereinbarkeit Beruf und Privatleben	Vereinbarkeit Beruf & Familie	1,72	1,23	2,33
	Betriebliche Kinderbetreuung	1,69	1,27	2,68
	Flexible Arbeitszeiten	1,52	1,32	1,77
	Maßnahmen zur Frauenförderung	1,72	1,47	2,44
Vergütung/ Jobsicherheit	Leistungsorientierte Vergütung	1,38	1,31	1,99
	Nichtfinanzielle Zusatzanreize	1,72	1,42	1,73
	Individuelle Vertragsgestaltung	1,84	1,54	2,02
	MA-Beteiligung Unternehmenserfolg	1,70	1,39	1,67
	Arbeitsplatzsicherheit	2,13	1,53	1,27
Karriere-förderung	Internationaler Einsatz	1,21	1,75	2,53
	Attraktive Karrieremöglichkeiten	1,26	1,36	2,50
	Talentpool für interne & externe Kand.	1,37	1,63	2,64
	Struktur. Laufbahnen für High Potent.	1,31	1,45	2,56
	Herausfordernde Aufg./Job Rotation	1,36	1,55	2,40
Kultur/ soziale Aspekte	Wertorientierte Führung	1,56	1,31	1,68
	Förderung Unternehmenskultur	1,51	1,47	1,71
	Corporate Social Responsibility	1,97	1,77	1,79
	Selbstorganisierte Arbeitsgruppen	1,41	1,45	2,01
	Flache Hierarchien	1,46	1,52	2,00

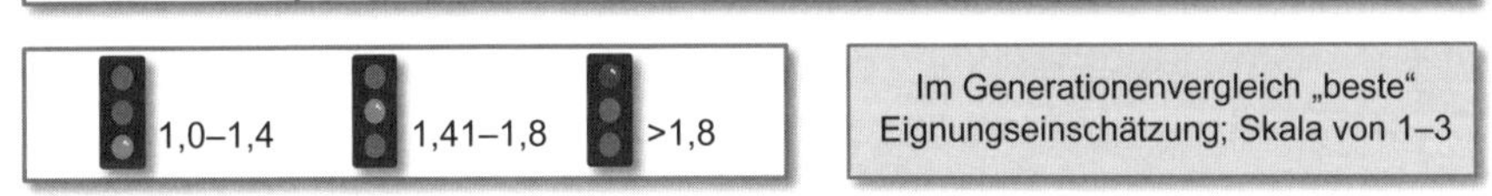

Abb. 14: Generationenspezifische Eignung von Maßnahmen der Personalgewinnung und -bindung

zur Vereinbarkeit von Beruf und Familie entscheidend für Mitarbeiter zwischen 31 bis 50 Jahren. Flexible Arbeitszeiten werden zwar in allen Generationen vergleichsweise hoch gewichtet, dennoch sticht der Wert für die Generation X besonders hervor. Desweiteren sind (im-)materielle Anreize von zentraler Bedeutung. Bis auf die Arbeitsplatzsicherheit erhalten alle Maßnahmen der Dimension „Vergütung/Jobsicherheit“ die höchste generationenspezifische Relevanz. Auffällig ist ebenfalls die im Generationenvergleich höchste Gewichtung sozialer Aspekte (wertorientierte Führung, Firmenkultur, soziales Engagement).

Eine deutlich schwächere Gewichtung der einzelnen Dimensionen und deren Berücksichtigung in der HR-Arbeit zeigt sich für die Baby Boomer – hier wird lediglich Arbeitsplatzsicherheit zur erfolgreichen Personalarbeit empfohlen. Insgesamt weichen die Durchschnittsbewertungen für die Baby Boomer bezüglich fast aller Maßnahmen signifikant negativ von denen der beiden jüngeren Generationen ab. Außerdem zeigt sich, dass mit zunehmendem Anteil älterer Mitarbeiter die Anzahl der umgesetzten Maßnahmen sinkt. Je höher der prozentuale Anteil von Personen zwischen 51–65 Jahren, desto weniger Maßnahmen für die Selbst-/Personalentwicklung, Karriereförderung und Rekrutierung über verschiedene Kanäle werden implementiert. Diese Nicht-Berücksichtigung der älteren Generation ist im Kontext des demografischen Wandels als schockierend zu bewerten. Für die langfristige Wettbewerbsfähigkeit von Unternehmen wird in Zukunft vor allem entscheidend sein, wie sie die Stärken und Kenntnisse ihrer erfahrenen Mitarbeiter nutzen. Arbeitnehmerinnen und -nehmer, die älter als 50 Jahre sind, bleiben in aller Regel weitere 10 bis 15 Jahre im Unternehmen und stellen mit ihrer Berufs- und Lebenserfahrung sowie wachsender Fitness ein nicht zu unterschätzendes Potenzial dar. Es gilt daher, neue Formen der Personalentwicklung und des Wissensmanagements zu finden, um die Expertise älterer Arbeitnehmer zu sichern und dieser Gruppe gleichzeitig Entwicklungsperspektiven zu bieten.

Vergleich Arbeitgeber- und Arbeitnehmerperspektive

In unserer Forschungsarbeit untersuchten wir nicht nur die Erwartungen der Personaler in Bezug auf die generationenspezifischen Anforderungen an Personalinstrumente. In einem zweiten Schritt ließen wir auch Arbeitnehmer der drei Generationen selbst die Relevanz der 23 Maßnahmen einschätzen. Der Vergleich beider Studienergebnisse zeigt: Die Bewertungen der Personaler geht in weiten Teilen an der Selbsteinschätzung der Arbeitnehmer vorbei. Insbesondere bei der Gruppe der Mitarbeiter 50+ sind diese Unterschiede gravierend.

Karriere- statt Sicherheitsleiter

Wir ließen Arbeitnehmer und Unternehmensrepräsentanten die Bedeutung verschiedener Maßnahmengruppen bewerten. Während sich bei der Bedeutung der Vereinbarkeit von Beruf und Familie sowie Aspekten der Unternehmenskultur die Einschätzungen von Mitarbeitern und

Unternehmensvertretern weitgehend decken, sind die Unterschiede in Bezug auf Weiterentwicklungs- und Karrieremöglichkeiten beachtlich (vgl. Abbildung 15).

Die Auffassung der Personaler von den Wünschen älterer Arbeitnehmer lässt sich plakativ mit der Aussage „Sicherheit statt Karriere" zusammenfassen: Nur das Merkmal „Arbeitsplatzsicherheit" sowie einige Aspekte der Vergütung wurden von den HR-Experten als besonders wichtig für die Generation Baby Boomer eingestuft. Unsere Studienergebnisse zeigen aber, dass Mitarbeiter über 50 Jahre ein Umdenken wünschen: Weg von Karrierewegen als hierarchische Leiter für jüngere Belegschaftsgruppen und hin zu vertikalen Karrierewegen, die auch im höheren Alter noch Entwicklungsmöglichkeiten bieten. Vergütungsaspekte spielen dagegen eine weitaus geringere Rolle als von Arbeitgeberseite vermutet.

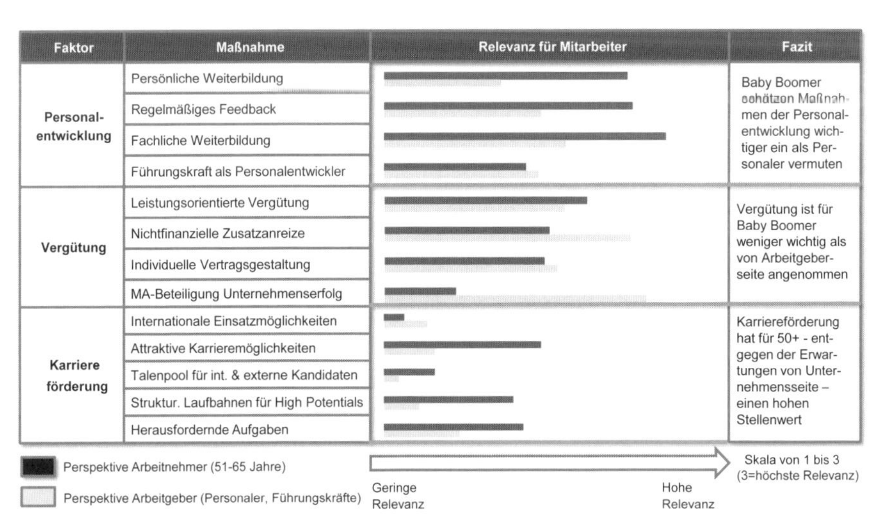

Abb. 15: Einschätzung der Bedeutung verschiedener Personalinstrumente durch Arbeitgeber und Arbeitnehmer 50+

Vier Typen von HR-Bereichen: Viel hilft nicht immer viel

Grundsätzlich zeigt sich bei den teilnehmenden Unternehmen ein positiver Zusammenhang zwischen dem Aktivitätsgrad des HR-Bereichs (gemessen an der Anzahl der umgesetzten Personalgewinnungs- und Bindungsmaßnahmen) und der Arbeitgeberattraktivität: Je mehr Instrumente angeboten werden, desto attraktiver sind Unternehmen für Bewerber und Mitarbeiter aller Generationen im Vergleich zu Wettbewerbern. In beiden Stichproben (Arbeitgeber und Arbeitnehmer) lassen sich jedoch vier unterschiedliche Typen von Personalbereichen in Bezug auf ihren Aktivitätsgrad und damit erzielte Arbeitgeberattraktivität ausmachen (s. Abbildung 16).

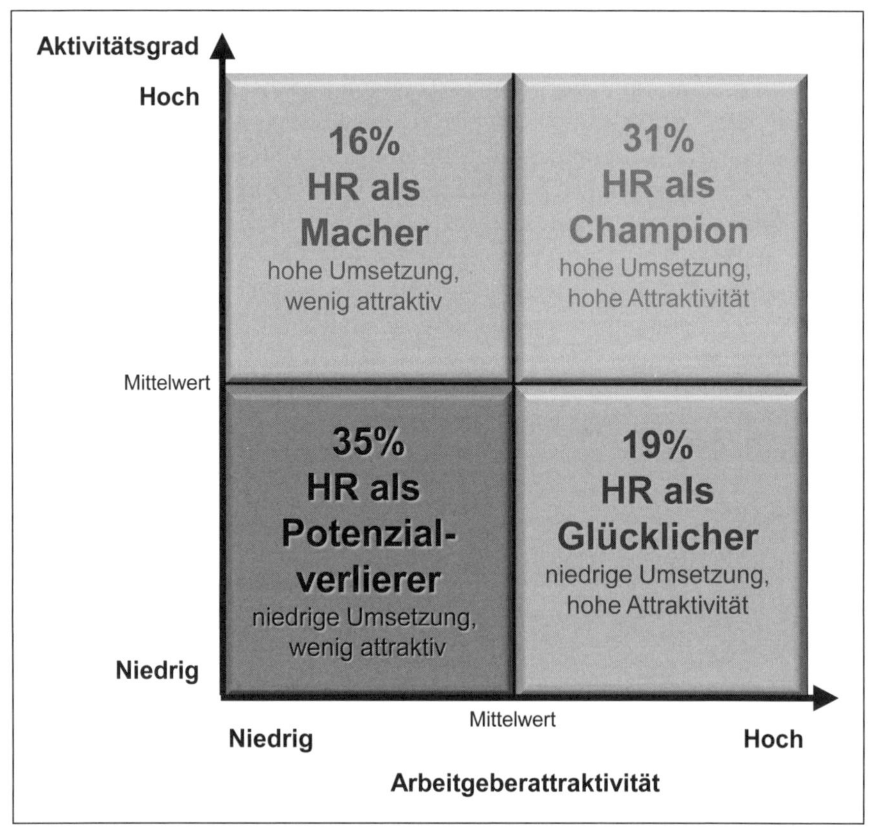

Abb. 16: Aktivitätsgrad und Arbeitgeberattraktivität: Vier Typen von HR-Bereichen[102]

HR als Champion

31 % der HR-Bereiche sind zu den Champions zu zählen. Diese zeichnen sich durch die Umsetzung zahlreicher Maßnahmen der Personalgewinnung und -bindung aus, was zu einer hohen Attraktivität als Arbeitgeber führt. Champions verfügen über beste Voraussetzungen zur aktiven Begegnung des Fachkräftemangels. Nichtsdestotrotz sollte die Effektivität der Maßnahmen fortlaufend geprüft werden, um überflüssige Aktivitäten zu vermeiden und die zielgruppengerechte Ausrichtung zu gewährleisten.

[102] Vgl. Gerpott et. al. (2013).

HR als Glücklicher

HR-Bereiche vom Typ der Glücklichen (19 %) setzen vergleichsweise wenige Maßnahmen um, besitzen als Gesamtunternehmen aber trotzdem eine überdurchschnittlich hohe Attraktivität als Arbeitgeber. Es fällt auf, dass besonders kleine und mittlere Unternehmen dieser Kategorie angehören. Vertiefende Analysen offenbaren, dass es sich bei dieser Gruppe um Unternehmen mit HR-Bereichen handelt, die über ein vergleichsweise niedriges Budget verfügen, die ihre Maßnahmen jedoch sehr zielgerichtet planen und umsetzen. Von dieser Strategie können andere Unternehmen lernen – Qualität statt Quantität lautet die Devise.

HR als Macher

Die verbleibenden 16 % der HR-Bereiche gehören zu den Machern. Sie sind das genaue Gegenteil von konstruktiv: Trotz einer hohen Anzahl eingeführter HR-Maßnahmen ist die Arbeitgeberattraktivität des Gesamtunternehmens unterdurchschnittlich ausgeprägt. Gründe liegen oft in einer mangelnden Zielgruppenorientierung und der fehlenden Einbettung der Instrumente in die Gesamtstrategie. Es wird deutlich: Viel hilft nicht immer viel. Nur durch ein auf die Anforderungen unterschiedlicher Generationen in spezifischen Lebenssituationen abgestimmtes Maßnahmenpaket wird die Umsetzung von Personalgewinnungs- und Bindungsinstrumenten zum Erfolg.

HR als Potenzialverlierer

Immerhin 35 % der HR-Bereiche gehören zu den Potenzialverlierern. Sie setzen wenige Maßnahmen um, was zur Folge hat, dass das Unternehmen als Arbeitgeber eine geringere Attraktivität als Wettbewerber ausstrahlt. Kurzfristig reicht die Zahl der Hochqualifizierten zwar oftmals zur Deckung des Personalbedarfs aus, langfristig sind für diese Unternehmen allerdings gravierende Nachteile in der Fachkräftesicherung zu erwarten.

2.3.3 Implikationen für eine neue Wertarchitektur von HR-Bereichen

Bei der vergleichenden Analyse der HR-Bereiche zeigt sich im Umgang mit generationenbezogenen Herausforderungen ein ähnliches Bild: Viele Unternehmen haben in diesem Themenfeld riesigen Nachholbedarf. Dies äußert sich sowohl auf der Strategie- als auch auf der Maßnahmenebene. Die Gesamtstrategie berücksichtigt nur in seltenen Fällen die Auswirkungen des demografischen Wandels auf Geschäftsmodelle und

Personalstruktur. Personalentwicklungsmaßnahmen sind nicht darauf ausgerichtet, Führungskräfte auf die Herausforderungen altersgemischter Teams vorzubereiten. Weiterhin fehlt es an spezifischen Angeboten für unterschiedliche Altersgruppen, vor allem für ältere Beschäftigte. Im Detail scheint die Ausrichtung auf die Generation X gut zu funktionieren, was Arbeitnehmer und Personalvertreter in unterschiedlichen Studien ähnlich beurteilten. Die veränderten Anforderungen (siehe Kap. 2.3.1) der Generation Y und Generation Baby Boomer finden dagegen kaum Berücksichtigung.

Die Notwendigkeit für eine stärkere Individualisierung von Personalmaßnahmen und eine generationenorientierte Ausdifferenzierung der eingesetzten Instrumente führt über die Aufgabe der Strategieumsetzung (Kap. 2.1) und die Bewusstmachung der Agilitätsherausforderungen (Kap. 2.2) zur Notwendigkeit der Konzeption einer neuen Wertarchitektur für HR-Bereiche (Kapitel 3).

2.3.4 Exkurs: Talente raus aus den Gewächshäusern von Peter Friederichs

Der Diplompsychologe Peter Friederichs ist seit Jahrzehnten ein Vor- und Querdenker im Personalwesen. Seine umfangreiche Expertise hat er u. a. in achtjähriger Tätigkeit als Personalmanager der Henkel KGaA sowie in ebenfalls achtjähriger Anstellung als Geschäftsführer der P&M Personal und Managementberatung (Bonn) und Direktor des Managementzentrum Burg Rheineck (Bonn) erworben. Darüber hinaus arbeitete er zwölf Jahre als Konzern-Personaldirektor der HYPO-BANK (München) sowie von 1997 bis 2001 als Konzern-Personaldirektor der HVB AG (München). Weiterhin war Friederichs vier Jahre Vorstand des Verbandes Arbeits-, Betriebs- und Organisationspsychologie im Berufsverband Deutscher Psychologen (BDP). Seit 2001 gehört ihm die Celidon Managemententwicklung (Kirchheim/München) mit den Schwerpunkten Managementberatung und Coaching. Außerdem ist er Gründer und Vorsitzender des Human-Capital-Club e.V. (Kirchheim/München) sowie Ausbildungsgleiter Coaching bei der Akademie der DGFP e.V. Er ist Lehrbeauftragter an verschiedenen Universitäten und Mitherausgeber zahlreicher Lehr- und Praxisbücher.

In diesem Beitrag setzt Peter Friederichs sich damit auseinander, wie Talente in Zeiten des Fachkräftemangels in großen Unternehmen

„gemanagt" werden können – ein Prozess, der seiner Meinung nach in vielen Konzernen eher an ein Abschleifen auf Stromlinienform als an Förderung und Wertschätzung von Individualität erinnert.

Elon Musk ist ein Talent. Und ein Visionär. Er baute den Internetbezahldienst PayPal auf und wurde damit reich. Doch anstatt danach die Füße hochzulegen, wechselte er das Feld und baute den Tesla. Das Auto hat einen Elektroantrieb und schaffte es, mit seiner Technik alle Autohersteller alt aussehen lassen. Wie PayPal, so wurde auch Tesla zum Erfolg. Welcher HR-Chef – egal, wo auf der Welt – hätte einen IT-Spezialisten für Finanzprozesse aufgefordert, ein innovatives Auto zu entwickeln? Wohl keiner. Man hätte ihn eher ausgelacht. Doch warum gelang das, was Musk machte, nicht wenigstens in den großen Automobilkonzernen in Deutschland? Diese Frage wurde auch Dieter Zetsche in einem SPIEGEL-Interview gestellt. Er antwortete, dass in den Start-Ups ganz anders gearbeitet werde, da wäre mehr Ansporn und würde mehr infrage gestellt. Dieses Beispiel zeigt auf, dass strategisches Talentmanagement hoch erfolgskritisch für den Unternehmenserfolg sein kann. Wenig später schrieb Neumann, Personalvorstand von VW, im Ferndialog, wie wichtig doch die Mitarbeiter seien und dass man sich intensiver um sie kümmern möchte.

In meiner Praxis als Headhunter, Coach und HR-Manager habe ich eine Fülle von Top-Talenten entdecken dürfen, die in den Firmen versauert wären, hätte sie nicht ein gnädiges Schicksal „herausbefördert". „Herausbeförderung" bedeutet, dass es für diese Talente keine tragfähige Lobby im Unternehmen gab und sie ihre Visionen erst realisieren konnten, nachdem sie das Unternehmen verlassen hatten.

Leider sind das keine Einzelfälle, denn es gibt einen beträchtlichen blinden Fleck für Talente, insbesondere in großen Organisationen. Hier gilt es, den Job so zu machen, wie er in den Anforderungsprofilen steht und für den Chef das zu erledigen, was gerade auf der Agenda steht. Und welcher Chef wagt bei allem Erfolgsdruck schon, innovative und im positiven Sinne verrückte Leute auf völlig neue Themen anzusetzen? Wer gibt ihnen den dafür nötigen Freiraum? Welche Führungskraft fragt im Entwicklungsgespräch überhaupt ernsthaft nach Ideen des Mitarbeiters, die er verwirklichen könnte?

Mir erzählt ein Klient dann zum Beispiel, dass er eine marktattraktive Software entwickelt hat, bereits Partner dafür gefunden hat und nun „den Absprung sucht". Auf meine Frage, warum er diese Information nicht ins Unternehmen eingebracht hat, antwortet er dann: „Das interessiert dort niemanden!" Heute ist er selbstständig und wurde von seiner alten Firma gefragt, ob er seine Entwicklung nicht an sie verkaufen möchte. Auch das ist leider kein Einzelfall. Mitarbeiter, die lange in Unternehmen arbeiten, sind dort oftmals wie Bilder an der Wand: Man hat vergessen, dass es sie gibt und wie gut sie sind.

Hinzu kommt, dass Firmen zur Reproduktion von sich selbst und der eigenen Prozesse neigen. Wie auch zur Selbstbestätigung, zur Kulturangleichung, zur Anpassung. In diesem Kontext nutzt dann auch kein noch so elaboriertes Talentmanagement. Und auch die Integration von neuen Talenten, jenen positiv Verrückten oder auch „Aliens" misslingt. Selbst wenn das Topmanagement beschlossen hat, „verrückte Enten" einzukaufen, sorgen schon die alten Seilschaften für „early desasters", damit nicht sein kann, was nicht sein darf.

Talentmanagement ist gerade deshalb in allen Firmen ein entscheidendes Thema. Der Fachkräftemangel entblößt Löcher, Alterspyramiden brechen zusammen, Loyalität entzieht sich dem Zugriff, Personalmärkte schrumpfen, Top-Talente sind umkämpft und Identifikation und Bindung schwindet. Was muss also strategisch besser gemacht werden? Wir wissen, dass nur Mitarbeiter einen Mehrwert für das Unternehmen schaffen. Deshalb, so fordert es der Human-Capital-Club, sollen Unternehmen daran gemessen werden, was sie zur Entwicklung ihrer Mitarbeiter beitragen.

Es wird mit Sicherheit viel in Entwicklung und Weiterbildung investiert. Der Mehrwert – den ich nicht als ökonomischen Wert verstehe, sondern als essenziellen Beitrag zur Entwicklung der strategischen und operativen Möglichkeiten des Unternehmens – wächst nicht allein durch Bildungsinvestitionen, sondern vielmehr durch die Entwicklung und Nutzung der vielfältigen Potenziale. Und hier wird es schwierig und aufwendig! Denn heute gehen die meisten qualitativen Investitionen in Mitarbeiter in definierte und jobangepasste Förderung, sei es in Fach-, Führungs- oder Methodenweiterbildung. Um die Unternehmen in den Märkten aktiv und erneuerungsfähig zu halten und auf die Zukunft vorzubereiten, braucht es deutlich mehr. Talentmanagement muss deshalb eine Antwort auf folgende Frage geben:

Welche Mitarbeiter hat das Unternehmen jetzt und/oder in der sichtbaren Zukunft zur Verfügung, die aufgrund ihrer Kompetenzen, Persönlichkeitsstruktur, ihrer Lebensphase, ihrer Kulturflexibilität und ihrer Bewältigungsfähigkeit in speziellen Unternehmensphasen wichtige und herausragende Aufgaben deutlich besser erfüllen können als jede(r) andere?

Diese Frage kann das HR Management nur beantworten, wenn das Unternehmen über eine gewisse kulturelle und personalpolitische

Reife verfügt, die sich durch den gesamten Führungskader zieht. Und über ein Talentmanagement, dass die richtigen Analysemethoden und Instrumente verfügt, um diese Mitarbeiter überhaupt zu identifizieren.

Das Talentmanagement sollte nach wie vor die **klassischen Kompetenzfelder** betrachten, wie Ausbildung, Zusatzqualifikationen, Erfahrung oder Sozial- und Führungskompetenzen. Bei Schlüsselpersönlichkeiten sollte zudem Wert gelegt werden auf die Bewältigung kontroverser Zielsetzungen (Ambiguitätstoleranz), die Fähigkeit zur Lösung diffuser Problemlagen, das Erkennen der „Windows of Opportunity" und eine Wertebewusstheit.

In besonderem Maße muss die **Persönlichkeit der Talente** betrachtet werden, wenn der Aufgabenbereich risikorelevante Entscheidungsbereiche umfasst und deshalb Produktmängel, Bestechung, Korruption, Vorteilsverschaffung, Finanzmanipulationen, Kartellvergehen und Führungsverstöße völlig ausgeschlossen werden sollen. Einige Forscher verweisen auf psychoneurotische Persönlichkeitsausprägungen, die auf manchen Führungsetagen anzutreffen sind. Beispiele zeigen, welche verheerenden Konsequenzen diese Haltungen für Unternehmen hatten und haben.

Bei einigen Unternehmen ist zu beobachten, dass sie mehr und mehr **die Lebensphase oder den Lebenszyklus** ihrer Talente oder Potenzialträger in den Blick rücken. Welche persönlichen Lebensphasen halten welche Chancen für das Unternehmen bereit oder welche Lebensphasen belasten die Leistungsfähigkeit des Mitarbeiters? Ich denke hier an: Auslandseinsätze, stressbelastete Projekte, Familienphasen, Sabbaticals, Jobrotation, den Karriereknick durch Umstrukturierungen, Krankheit und private Probleme und die Themen, die sich aus den typischen Phasen des jungen Erwachsenen, des/der Familienvaters/-Mutter, des reifen Erwachsenen und auch der Pre-Retirement-Phase ergeben. Aber wie individuell muss oder darf ein Unternehmen sein? Was setzt es auf's Spiel, wenn es rigide und hart reagiert und/oder wieviel Motivation und Loyalität gewinnt es, wenn es flexibel und verständnisvoll auf die Bedürfnisse der Mitarbeiter eingeht? Talentmanagement muss diesen Trade-Off souverän gestalten, wenn es Spitzentalente halten möchte, das heißt einen guten Kompromiss zwischen den Interessen des Mitarbeiters und denen des Unternehmens finden.

Allerdings wird es ohne eine **Kulturflexibilität der Talente** keine Potenzialentfaltung geben. Viele Unternehmen achten – auch durch die Auswahl mittels heimischer „Gewächshausmanager" – zu sehr auf passgenaue Einordnung in den Genotyp des Unternehmens. Wir wissen, dass nichts zäher ist eine alte gewachsene Unternehmenskultur. Ich habe selber in einer Fusion erlebt, wie schnell kulturangepasste Spitzentalente die Segel streichen, viel zu übereilt kündigen, resignieren oder in die Verweigerung gehen. „Flüchten oder Standhalten" ist nicht die Frage, sondern der kreative dritte Weg. Dazu gehören bestimmte Persönlichkeitsmerkmale, die das Talent in die Lage versetzen, nicht nur auf fachlicher Basis, sondern auch im Bereich Peoplemanagement und Verhandlungsgeschick den dritten Weg im neuen oder stark veränderten Unternehmen zu gehen. Weiterhin benötigt wird unternehmerisches Denken, die Lust Herausforderungen zu akzeptieren, mit Leidenschaft für gemeinsame Erfolge zu kämpfen und Menschen mitzunehmen, die verzagt sind. Ich habe gute Erfahrungen mit Orientierungs-Assessment-Centern gemacht, im Rahmen dessen den Talenten Aufgaben gestellt wurden, die neue, komplexe, bisherige Strukturen und Rahmenbedingungen in Frage stellen. Hier sieht man am besten, welche Talente rigide in alten Mustern verhaftet bleiben und welche Talente sich geradezu „gierig" neue Muster erschließen.

Eine weitere wichtige Voraussetzung für Spitzentalente ist die **Kompetenz, spezielle Unternehmensphasen zu bewältigen.** Es ist eine altbekannte Tatsache, dass viele Talente nur für bestimmte Phasen des Unternehmens geschaffen sind und in anderen scheitern. Leider glauben Aufsichtsräte immer noch an das Märchen, dass ein guter Mann immer ein guter Mann ist oder bleibt, egal in welcher Situation oder Phase sich das Unternehmen bewegt. So verwundert es nicht, dass viele Unternehmen ihre Zukunft verschlafen, in der Krise die Weichen falsch stellen oder im Startup vor lauter Euphorie die Märkte und die Finanzierung falsch bewerten. Eine gute Management-Diagnostik kommt den Talenten auf die Spur, die zur Unternehmensphase passen und denen, die es in die Sackgasse steuern. Broadband-Talente, die mit verschiedenen Phasen zu Recht kommen, sind immer willkommen, aber auch rar gesät.

Denn **„Talente wachsen nicht in Gewächshäusern".** Sie suchen sich natürlich am liebsten Unternehmen, in denen der Trade-Off zwischen Mitarbeiterbedürfnissen und Unternehmensinteressen gut gelingt und sie ihre Employability (Beschäftigungsbefähigung) möglichst frei gestalten können. Dazu muss das Unternehmen aber zu ständiger Erneuerung fähig sein und eine Unternehmenskultur entwickeln, die auch für Spitzentalente interessant ist.

Talente schauen nämlich auf die Zukunftsfähigkeit des Unternehmens: Wie bereitet das Unternehmen die Talente auf Veränderungen vor? Wie werden die Mitarbeiter geschult, um mit dem ständigen Wandel umzugehen? Wie war die Entwicklungsgeschichte des

Wandels im Unternehmen? Steht die Organisation dem Wandel passiv oder gar hilflos gegenüber? Oft werden Talente mit Prämien in Unternehmen gehalten, die im Abwärtstrend sind, weil man sie zwar für den Umbau braucht, ihnen aber keinen „Scheck für die Zukunft" ausstellen möchte.

Es nutzt dem Potenzialträger nichts, wenn er auf diese Weise zu lange in der Abwärtsspirale einer Firma verbleibt, dabei seinen Human Capital Wert verliert und der Headhunter fragt: „Was hat Sie veranlasst, so lange zu bleiben und den Absprung nicht früher zu suchen?" Insofern wird aus Sicht der Talente die Changebility eines Unternehmens ein zunehmend entscheidender Faktor für die Arbeitgeber-Attraktivität. Damit das Toptalent den richtigen persönlichen Karriere- und Wachstumspfad findet, sollte es – ausgehend von einer Analyse seiner eigenen Talente, Kompetenzen und Persönlichkeitsmerkmale – vor und in der Bewerbung die Kultur des zukünftigen Unternehmens intensiv prüfen: Welche Kulturmerkmale weist es auf und passen diese zum eigenen Profil?

Wie man sieht, liegt es an beiden Seiten – Talent und Unternehmen – Anstrengungen zu unternehmen, damit es in Zukunft noch viel mehr „verrückte Enten" gibt. Und vielleicht auch den einen oder anderen Elon Musk.

2.3.5 Exkurs: Gesund und engagiert arbeiten in allen Lebensphasen

Dr. Beatrix Behrens ist Bereichsleiterin Personalpolitik und Personalentwicklung in der Zentrale der Bundesagentur für Arbeit (BA). In dieser Funktion war sie mit der Projektleitung zu Aufbau und Einführung eines integrierten Personalmanagements bei der BA betraut. Sie studierte Verwaltungswissenschaften an der Universität Konstanz und der Deutschen Hochschule für Verwaltungswissenschaften in Speyer und promovierte im Bereich Wirtschaftswissenschaften an der Universität St. Gallen. Frau Dr. Behrens verfügt über langjährige Führungserfahrung im Personalbereich sowie im Bereich personalstrategischer Konzeptentwicklung und war 2009/2010 als Expertin beim European Institute of Public Administration aktiv.

Im September 2010 übernahm sie die Leitung des Projekts „Demografiesensible Personalpolitik", das zum Regierungsprogramm „Vernetzte und transparente Verwaltung" gehört und vom Bundesministerium des Innern und der Bundesagentur für Arbeit gemeinsam getragen wird.

Angelika Schätzle ist seit 2011 als Referentin für Personalpolitik in der Zentrale der Bundesagentur für Arbeit im Geschäftsbereich Personal/Organisationsentwicklung mit dem Schwerpunkt Diversity Management tätig. Sie studierte Sozialwissenschaften und war im Anschluss als wissenschaftliche Mitarbeiterin im Europaparlament mit den Schwerpunkten Jugend-, Bildungs- und Genderpolitik beschäftigt. Nach einem Wechsel in die freie Wirtschaft mit anschließender langjähriger Tätigkeit im Marketing und im Personalbereich bei einem US-amerikanischen Unternehmen bearbeitet sie heute bei der BA die Themen demografischer Wandel und Förderung kultureller Vielfalt.

Ausgehend von ihrem aktuellen Tätigkeitsfeld beantworten die Autorinnen im folgenden Beitrag die Frage, wie die Bundesagentur für Arbeit mit den Herausforderungen des demografischen Wandels umgeht.

> Im Zuge der demografischen Veränderungen werden von den Arbeitgebern neue Herausforderungen zu bewältigen sein. Verschiedene Generationen mit unterschiedlichen Werthaltungen und Einstellungen werden künftig noch intensiver zusammenarbeiten. Das Spektrum reicht hier von der Generation der Babyboomer, die in den kommenden 5–10 Jahren das Rentenalter erreichen wird, bis hin zu Vertreterinnen und Vertreter der Generation Z den sog. Digital Natives, die aktuell ihre schulische Ausbildung beenden und in den nächsten Jahren ins Berufsleben einmünden werden. Damit werden auch Bedürfnisse und Erwartungen an die Arbeitgeber vielfältiger. Es gilt unterschiedliche Vorstellungen z. B. in Bezug auf Führung und Zusammenarbeit, flexible Arbeitszeiten und -formen, Work-Life-Balance, Handlungsspielräume, Besprechungs- und Gesprächskultur unter einen Hut zu bringen. In den Fokus rücken angesichts älter und zugleich auch vielfältiger werdender Belegschaften zudem Themen wie die Sicherung von Wissen und Erfahrungen, die Stärkung einer an Prävention ausgerichteten Gesundheitsförderung und die Förderung des Mitarbeiterengagements in allen Lebensphasen. Für alle Altersgruppen sind jedoch Anerkennung, Wertschätzung, Chancengleichheit, eine gute Qualität der Arbeitsbeziehungen und damit die emotionale Bindung an die Arbeitgeber wichtig. Dialogbasierte Führungsinstrumente in die auch die individuelle Berufs-und Lebensplanung integriert ist sind eine grundlegende Voraussetzung im modernen und intergenerationalen Personalmanagement.

Ziel der Personalpolitik der BA ist die Sicherung und Förderung der Beschäftigungsfähigkeit der Mitarbeiterinnen und Mitarbeiter über alle Lebensphasen hinweg. Dabei steht die Förderung von Gesundheit, Engagement und Kompetenzentwicklung im Fokus. Es gilt für die jüngeren wie für die älteren gleichermaßen ein attraktiver Arbeitgeber zu sein und die Rahmenbedingungen zu schaffen, die ein gutes und für eine effektive Aufgabenerledigung wichtiges Miteinander ermöglichen und das intergenerationale Verständnis fördern.

Die BA als Unterzeichnerin der Charta der Vielfalt unterstützt insbesondere über ihr lebensphasenorientiertes Personalmanagement eine von Respekt und gegenseitiger Wertschätzung geprägte Verwaltungskultur und stärkt damit auch Engagement, Initiative und Kooperation aller Beschäftigten. Dies ist zudem eine wichtige Voraussetzung für lebenslanges Lernen. Insgesamt wird berücksichtigt, dass sich die beruflichen und privaten Ziele, die persönlichen Interessen und Bedürfnisse sowie die Erwartungen an den Beruf und seine Vereinbarkeit mit dem Privatleben bei allen Menschen im Laufe ihres Lebens immer wieder verändern – egal welcher Generation sie angehören.

Ein Berufs- oder Lebensereignis zieht vielfältige Veränderungen nach sich und beeinflusst die individuellen Wünsche und Anforderungen. Zudem stimmen die Lebensphasen von Mitarbeiterinnen und Mitarbeiter nicht immer mit den Anforderungen der jeweiligen Berufsphase überein. Das Konzept der Personalpolitik in der BA umfasst daher alle Phasen der Berufs- und Erwerbstätigkeit, vom beruflichen Einstieg über Karriere- und Familienphase bis zum beruflichen Ausstieg. Grob wird dabei zwischen vier Phasen differenziert, deren Übergänge fließend zu verstehen sind, um aktuelle Entwicklungen und häufig auftretende Überschneidungen berücksichtigen zu können. Auf die vielfältigen Ereignisse in den verschiedenen Lebensphasen kann so über flexible Angebote individuell reagiert werden.

Beispielhaft werden hier einige der Instrumente und Angebote für alle Generationen aufgeführt:

- flexible Arbeitszeitmodelle, Teilzeit und Langzeitkonten (derzeit mehr als 500 verschiedene Zeitmodelle)
- Telearbeit (8,8 % der Beschäftigten) und mobiles Arbeiten
- Dialogbasierte Führungsinstrumente mit Berücksichtigung der individuellen Berufs- und Lebensplanung aus jeder Altersperspektive
- Sensibilisierung von Führungskräften für die Handlungsfelder des Diversity Managements

- Flächendeckender Familienservice – Organisationsservice Kinder und Pflege (OKiP)
- Qualifizierung mit Kinderbetreuung / Qualifizierung in Teilzeit
- Ausbildung in Teilzeit
- Programm zur Begleitung in Beurlaubungs- und Wiedereinstiegsphasen (mit Selbsteinschätzung zu Familienkompetenzen)
- spezielle Seminarangebote wie zum Beispiel „Mitten im Leben", „Vorbereitung auf den Ruhestand"
- Web-Based Trainings mit Ansprechpartnern

Ein wesentlicher Faktor ist die erfolgreiche Zusammenarbeit und der Austausch von Wissen und Erfahrungen zwischen den Generationen. Mit einem Konzepttest zur Sicherung von Erfahrung, Wissen und Werten ausscheidender Beschäftigter und der Erprobung von Lernpartnerschaften zur Stärkung des intergenerationalen Wissensaustausches werden derzeit die Weichen für wichtige künftige Weiterentwicklungen in der Personalpoltik gestellt.

Für eine leistungsbereite und erfolgreiche BA ist das Ausschöpfen der Potenziale aller Beschäftigter im Rahmen der Personalentwicklung von geschäftspolitischer Bedeutung. Hier kommt insbesondere den Führungskräften eine bedeutende Rolle zu. Diese wird z. B. im Rahmen eines neu konzipierten Seminarangebots zur Führung altersgemischter Teams aufgegriffen.

Eine erfolgreiche Entwicklung und Sicherung der Leistungsfähigkeit der BA mit Blick auf die Herausforderungen der Zukunft kann nur mit engagierten, kompetenten und gesunden Mitarbeiterinnen und Mitarbeitern aller Generationen gelingen – die Personalpolitik unterstützt dieses Ziel mit vielfältigen Angeboten und Maßnahmen.

2.3.6 Exkurs: Vertrauen in der Führungsarbeit: Eine interkulturelle Reflektion

Michelle Rowbotham ist Head of CRM Project Management bei der Endress+Hauser InfoServe GmbH+Co. KG. Die geborene Wienerin absolvierte ein Studium zur Diplom Mediengestalterin und hatte bereits diverse Positionen in Bereich Marketing, HR und IT inne. Seit 2013 verantwortet sie die Projektleitung bei der internationalen Einführung eines CRM Systems in der Endress+Hauser Gruppe.

Ausgehend von der Herausforderung, dass in der virtuellen Zusammenarbeit Vertrauen eine immer bedeutendere Rolle spielt, befasst sich Frau Rowbotham in diesem Beitrag mit den Folgen der globalen Vernetzung für die Vertrauensarbeit von Führungskräften.

Führung ist unbestritten eine kritische Determinante beim Wachstum und der Effizienz von internationalen Organisationen.[103] Im Kontext ständiger Veränderungen, zunehmender Entgrenzungen von Unternehmen, virtuellen Arbeitswelten und partizipativen Managementmodellen spielt dabei das Vertrauen in die eigenen Mitarbeiter eine immer wichtigere Rolle.[104] Der weich anmutende, soziale Faktor Vertrauen wird damit zum Thema zahlreicher Forschungsarbeiten, Studien sowie einschlägiger Wirtschafts- und Managementliteratur.[105] Vertrauen beeinflusst die Arbeitsprozesse und das Verhalten zum Teilen von Informationen positiv, erhöht die Mitarbeiterzufriedenheit und Effektivität von Führungskräften, verbessert die Kommunikation, optimiert das Teamverhalten und trägt zu einer höheren Unternehmensperformance und Unternehmensstabilität bei.[106] Vor diesem Hintergrund ist von besonderem Interesse, wie Führungskräfte in internationalen und interkulturellen Kontexten Vertrauen aufbauen und beeinflussen können. Welche Variablen beeinflussen das Vertrauen zur Führungskraft? Sind diese kulturell unterschiedlich? Wie können diese Stellhebel positiv beeinflusst werden? Diese Fragen sollen im vorliegenden Beitrag beantwortet werden. Dazu wird das etablierte Modell der Vertrauensbildung von Mayer, Davis und Schoorman[107] unter Berücksichtigung unterschiedlicher Kultureigenschaften verwendet, um Implikationen für die Etablierung von Vertrauen in Führungsbeziehungen im interkulturellen Kontext abzuleiten.

Vertrauen entsteht in Interaktionsprozessen und ist damit ein änderbarer Status. Mayer, Davis und Schoorman[108] definieren Vertrauen als die Bereitschaft einer Partei, sich gegenüber der anderen Partei in eine Abhängigkeitsposition zu begeben und sich verwundbar zu zeigen, wobei auf den Einsatz von Verhaltenskontrolle verzichtet wird. Nach dem in Abbildung 17 dargestellten Vertrauensmodell

---

[103] Vgl. Cox (1999).
[104] Vgl. Mayer, Davis & Schoorman (2006); Rifkin (2004); Sprenger (2002).
[105] Vgl. Schoorman, Mayer, Davis (2007).
[106] Vgl. Connell, Ferres & Travaglione (2003); Dirks (1999); Dirks (2000); Dirks & Ferrin (2001); Ferrin, Dirks & Shah (2003); Gillespie & Mann (2004); Rich (1997); Shaw (1997); Sprenger (2002); Tan, Brower & Önder (2007); Wasti, Tan, Brower & Önder (2007).
[107] Mayer, Davis & Schoorman (1995).
[108] Mayer, Davis & Schoorman (1995).

von Mayer, Davis und Schoorman[109] determinieren drei Faktoren die wahrgenommene Vertrauenswürdigkeit von Akteuren im organisationalen Kontext: Fähigkeiten und Ergebnisse, guter Wille sowie moralische Integrität.

Fähigkeiten und Ergebnisse beschreiben die Expertise, Kompetenz und Fertigkeiten einer Person, durch die sie in einem gewissen Bereich Einfluss nehmen kann. Maßnahmen, die diese Vertrauenskomponente positiv unterstützen, sind das Vorgeben einer eindeutigen Richtung, erlebte Kompetenz, Handlungsfähigkeit in verschiedenen Situationen und das Einrichten von funktionalen Normen und Regeln.

Der gute Wille definiert das Ausmaß, in dem vom Vertrauenden angenommen wird, dass der Vertraute ihm gegenüber wohlgesonnen und positiv unterstützend eingestellt ist und nicht seine eigenen Interessen in den Vordergrund stellt. Positiv wirkende Maßnahmen sind zum Beispiel, wenn der Vertraute zusätzlich die Rolle des Coachs übernimmt, dem Vertrauenden ein unterstützendes Umfeld schafft und einen beratenden Führungsstil pflegt.

Moralische Integrität bezeichnet das Ausmaß, von der eine Person annimmt, dass die Prinzipien des Vertrauensempfängers mit den eigenen ethischen Prinzipien und dem eigenen Gerechtigkeitsgefühl übereinstimmen. Förderlich wirkende Maßnahmen sind verantwortungsvolles Verhalten über Situationen hinweg, wahre Aussagen und konsistentes Verhalten zu den eigenen Aussagen.

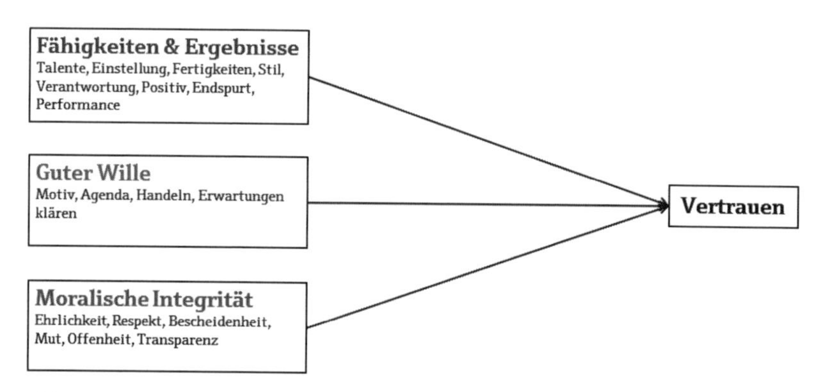

Abb. 17: Vertrauensdeterminierende Faktoren in Führungsbeziehungen

Die Bereitschaft zu Vertrauen ist sowohl durch individuelle Eigenschaften als auch durch den organisationalen und kulturellen Kontext

109 Mayer, Davis & Schoorman (1995).

geprägt. In diesem Beitrag liegt der Schwerpunkt auf der Betrachtung kultureller Einflussfaktoren der Vertrauensbildung, wobei Kulturen als kollektiv bedingte mentale Modelle definiert werden, die eine Gruppe von Menschen von einer anderen unterscheidet.[110] Nach Richard D. Lewis ist zwischen linearaktiven, multiaktiven und reaktiven Kulturen zu differenzieren. Tabelle 6 fasst die Unterscheide zwischen den Kulturen in drei Kategorien der Führungsarbeit zusammen.[111]

Tab. 6: Eigenschaften linearaktiver, multiaktiver und reaktiver Kulturen

	Linearaktive Kultur (LA)	Multiaktive Kultur (MA)	Reaktive Kultur (RA)
1: Zusammenarbeit, Arbeitsweise, Information, Planung	Arbeitet in Abteilungen	Arbeitet Abteilungsübergreifend	Bezieht alle Abteilungen ein
	Verfolgt korrekt die Abläufe	„Strippenzieher"	Netzwerker
	Akzeptiert ungern Gefallen	Sucht nach Gefallen	Schützt das Gesicht anderer
	Delegiert an kompetente Kollegen	Delegiert an Beziehungen	Delegiert an zuverlässige Personen
	Vervollständigt Aktionsketten	Vervollständigt menschliche Geschäfte	Reagiert auf den Partner
	Verwendet Vermerke	Schreibt kaum Notizen	Plant langsam
	Respektiert Bürokratie	Wählt Schlüsselpersonen	Sehr ehrlich
	Unterscheidet zwischen Sozial- und Berufsleben	Verbindet Sozial- und Berufsleben	Verbindet Sozial- und Berufsleben
	Plant methodisch voraus	Plant nur das große Ganze	Schaut auf die generellen Prinzipien
	Bleibt beim Plan	Ändert Pläne	Macht geringe Anpassungen
	Bleibt bei den Fakten	Jongliert Fakten	Statements sind Versprechen
	Holt Informationen aus Statistiken, Referenzen, Datenbanken, Internet	Verwendet Informationen aus erster Hand	Verwendet Informationen aus erster Hand und recherchierte Informationen

[110] Lewis (2006).
[111] Lewis (2006).

	Linearaktive Kultur (LA)	Multiaktive Kultur (MA)	Reaktive Kultur (RA)
2: Kommunikation, Meetings, Verhandlung	Kurze Kommunikation am Telefon	Spricht Stunden	Fasst gut zusammen
	Reduzierte Körpersprache	Uneingeschränkte Körpersprache	Subtile Körpersprache
	Unterbricht selten	Unterbricht regelmäßig	Unterbricht nicht
	Mag eine fixierte Agenda	Setzt alles miteinander in Verbindung	Reagiert aufmerksam auf den Partner
	Verliert nicht gerne das Gesicht	Hat Ausreden parat	Darf Gesicht nicht verlieren
	Konfrontiert mit Logik	Konfrontiert emotional	Vermeidet Konfrontation
3: Eigenschaft, Einstellung, Zeit	Introvertiert & ruhig	Extrovertiert & gesprächig	Introvertiert & ruhig
	Geduldig	Ungeduldig	Geduldig
	Bedenkt eigenes Business	Neugierig	Respektvoll
	Mag Privatsphäre	Gesellig	Guter Zuhörer
	Joborientiert	Orientiert an den Menschen	Orientiert an den Menschen
	Unemotional	Emotional	Stilles Sorgen
	Pünktlich	Nicht pünktlich	Pünktlich
	Behandelt Projekte separat	Lässt ein Projekt das andere beeinflussen	Sieht das große Ganze
	Arbeitet seriell	Macht mehrere Dinge auf einmal	Reagiert
	Arbeitet zu festen Zeiten	Arbeitet zu jeder Zeit	Arbeitet zu jeder Zeit
	Von Zeitplänen bestimmtes Arbeiten	Zeitplan nicht vorhersehbar	Reagiert auf den Zeitplan des Partners

Kategorie eins enthält Eigenschaften zur Zusammenarbeit, Arbeitsweise, zum Informationsverhalten und zum Planungsverhalten der Kultur. Mit diesen Eigenschaften bewertet die jeweilige Kultur die Kompetenz und die Fähigkeit einer Person im Arbeitskontext, der erste Baustein der Vertrauensbildung nach Mayer, Davis und Schoorman. Kategorie zwei beschreibt das Interaktionsverhalten der Kultur. Sie enthält Eigenschaften zur Kommunikation, zum Verhalten in Meetings und Verhandlungen. Durch das Interaktionsverhalten wird der zweite Baustein des Vertrauensmodells nach Mayer, Davis und Schoorman, der gute Wille, adressiert. Die dritte Kategorie definiert persönliche Eigenschaften und Einstellungen von Individuen und ihre Beziehung zum Thema Zeit. Sie bestimmen maßgeblich die moralische Integrität, den dritten Baustein des Vertrauensmodells. Abbildung 18 visualisiert die Zusammenhänge in einer Grafik.

Abb. 18: Kulturelle Einflussfaktoren vertrauensmoderierender Variablen

Die Einfluss- und Bewertungsfaktoren der vertrauensdeterminierenden Variablen Fähigkeiten und Ergebnisse, guter Wille und moralische Integrität unterscheiden sich, wie in Tabelle 6 ausgeführt, je nach Kulturzugehörigkeit stark. Damit ist das wahrgenommene Vertrauen im Rahmen von Führungskraft-Mitarbeiter-Interaktionen untrennbar mit dem kulturellen Kontext verknüpft. Kulturübergreifende Handlungsempfehlungen zur Generierung von Vertrauen sind offensichtlich nur schwer möglich.

Die Unterschiede der Vertrauensbildung lassen sich exemplarisch an den Herausforderungen virtueller Zusammenarbeit herausarbeiten. Das digitale Zeitalter hat die Art und Weise der Kommunikation und Organisation von Arbeit nachhaltig verändert. Kommunikation findet in Echtzeit statt, Mobilität und Flexibilität stehen im Vordergrund, Hierarchien werden flacher und die Grenzen zwischen Privat- und Geschäftsleben verschwinden.[112] Tabelle 7 kombiniert die kulturellen Unterschiede mit den digitalen Herausforderungen und zeigt so, an welchen Punkten das damit zusammenhängende Vertrauen negativ beeinflusst werden kann.

[112] Vgl. Gerlach (2014); Hilker (2014).

Tab. 7: Interkulturelle Herausforderungen in der digitalen Zusammenarbeit

	Linearaktive Kultur (LA)	Multiaktive Kultur (MA)	Reaktive Kultur (RA)
1: Zusammenarbeit, Arbeitsweise, Information, Planung	**Arbeitet in Abteilungen** → Reines Arbeiten in Abteilungen wird durch die Vernetzung nicht mehr funktionieren. **Respektiert Bürokratie** → In der digitalen Zusammenarbeit werden Hierarchien flacher und Bürokratie wird weniger wichtig. **Unterscheidet zwischen Sozial- und Berufsleben** → Diese Unterschiede verschwinden. Soziale Kollaboration und strukturierte Geschäftsprozesse wachsen zusammen. **Plant methodisch voraus und bleibt beim Plan** → Flexibilität, Mobilität und Geschwindigkeit sind wichtige Eigenschaften in der digitalen Welt.	**Schreibt kaum Notizen** → Für die digitale Zusammenarbeit ist die Dokumentation sehr wichtig, damit andere Personen mitdiskutieren und kommentieren können	
2: Kommunikation, Meetings, Verhandlung		**Spricht Stunden** → In der digitalen Kommunikation ist es wichtig, schnell und mit wenigen Worten und Zeichen auf den Punkt zu kommen. **Uneingeschränkte Körpersprache** → Kritik und Lob erfolgt digital	

	Linearaktive Kultur (LA)	Multiaktive Kultur (MA)	Reaktive Kultur (RA)
		Konfrontiert emotional → Emotionalität ist schwierig über Onlinekanäle zu transportieren	
3: Eigenschaft, Einstellung, Zeit	**Introvertiert & ruhig** → Die Kommunikation ist offen und demokratisch. Dafür ist es wichtig, dass alle ihre Meinung kommunizieren. **Mag Privatsphäre** → In der digitalen Welt verschwinden die Grenzen zwischen Berufs- und Privatleben. **Arbeitet zu festen Zeiten** → Durch mobile Geräte ist man „always on" und fast immer erreichbar.		**Introvertiert & ruhig** → Die Kommunikation ist offen und demokratisch. Dafür ist es wichtig, dass alle ihre Meinung kommunizieren. **Guter Zuhörer** → Nur durch Zuhören funktioniert die digitale Zusammenarbeit nicht.

Linearaktive Kulturen erleben in besonders intensiver Art und Weise Herausforderungen durch die neue Art der Zusammenarbeit, welche sich gravierend von ihrer bisherigen Arbeitsweise unterscheidet. Die verschwimmenden Grenzen der digitalen Welt und die Flexibilität wiedersprechen ihrer Arbeitsweise. Zusätzlich sind ihre persönlichen Eigenschaften wie Zurückhaltung und die Trennung von Geschäft und Privat konträr zur neuen digitalen Welt. Für multiaktive Kulturen impliziert die digitale Welt die größte Veränderung im Bereich Kommunikation, da der emotionale Faktor bei neuen Kanälen wie Videokonferenz, Telefonie, Kurznachrichten, Posts und Online-Plattformen eher hinderlich ist. Reaktive Kulturen erleben die größte Herausforderung im Umgang mit ihrer Zurückhaltung. Die digitale Welt lebt durch den aktiven Austausch, welcher Angehörigen reaktiver Kulturen eher schwer fällt. Das Beispiel verdeutlicht, dass die Implikationen des digitalen Wandels bei jeder Kultur in unterschiedlichen Bereichen liegen und die Generierung von

Vertrauen zwischen Mitarbeiter und Führungskraft auf unterschiedliche Art und Weise beeinflussen.

Insgesamt zeigt diese Gegenüberstellung der Kulturen, dass es zur Generierung von Vertrauen im internationalen Kontext kein Pauschalrezept gibt. Bisherige Ansätze der Führungskräfteentwicklung thematisieren zwar, dass es kulturelle Unterschiede in der Entwicklung von Vertrauen gibt, konkretisieren diese aber nicht weiter. Der Blick auf die voranschreitende Globalisierung und Vernetzung lässt zudem vermuten, dass die Komplexität des Vertrauenskonstrukts durch neu auftretende Faktoren weiter steigen wird. Damit ist es für das Personalmanagement der Zukunft eine wichtige Aufgabe, die kultur- und unternehmensspezifischen Faktoren der Vertrauensbildung aufzudecken und in Personalentwicklungsmaßnahmen gezielt zu adressieren. Die zentrale Rolle der Personalabteilung in der Förderung der Vertrauensbildung von Organisationsmitgliedern ist nicht nur umfassend belegt, sondern auch mit positiven Performance-Konsequenzen verknüpft worden.[113] Damit ist dieser Beitrag als Appell für eine stärkere Berücksichtigung interkultureller Unterschiede in der Adressierung weicher Faktoren der Führungsarbeit zu verstehen.

2.4 Zusammenfassung: Neues Paradigma für HR-Bereiche

Der Beitrag von Friederichs fasst die Situation heutiger HR-Bereiche plakativ zusammen: Vielerorts dominieren traditionelle Konzepte und verstaubte Lösungen nach dem Motto „Das haben wir schon immer so gemacht". Wir untersuchten in unseren Forschungsprojekten mehrere hundert HR-Bereiche im Hinblick auf ihre Zukunftsfähigkeit und befragten sie zu ihrem Beitrag bei der Umsetzung der Unternehmensstrategie, zur Erhöhung der Agilität und zu ihrer Ausrichtung auf eine heterogene Mitarbeiterschaft. Diese drei zukünftigen Schwerpunktfelder betreffend, lässt sich in der Zusammenfassung folgende IST-Situation festhalten:

Mehr als 60 % der heutigen HR-Bereiche sind hinsichtlich ihrer Ausrichtung und Kompetenzen noch nicht in der Lage, einen führenden Beitrag zur Umsetzung der jeweiligen Unternehmensstrategie zu leisten. Auch die Agilität als Kernaspekt zukünftiger Unternehmensführung spielt nur für einen kleinen Teil aller HR-Bereiche eine übergeordnete Rolle und bestimmt die Konzeption der Führungs- und Personalentwicklungslandschaft in den Unternehmen. Nicht zuletzt ist die Ausrichtung

[113] Vgl. Collins & Smith (2006).

auf die Anforderungen einer heterogenen Belegschaft in den meisten Unternehmen als unzureichend zu beschreiben. Insbesondere die neuen Wert- und Arbeitsvorstellungen der Generation Y und geänderte Arbeitszeit- und Vergütungserwartungen der Baby Boomer bleiben dabei in viele Fällen noch unberücksichtigt.

Wie in Abbildung 17 dargestellt, ist festzuhalten, dass in allen drei Bereichen jeweils zwischen 31 % und 43 % der Unternehmen einen qualitativ vorbildlich ausgerichteten HR-Bereich besitzen. Die nachgelagerte Analyse, die wir in bundesweiten Workshops und Experteninterviews durchführten, zeigt uns allerdings, dass kaum ein Unternehmen über Exzellenz in allen drei Bereichen verfügt. Die Zukunftsfähigkeit des HR-Managements ist jedoch nur dann gesichert, wenn diese drei Säulen in Planung und Umsetzung integriert werden. Es gilt: Das Ganze ist mehr als die Summe seiner Teile.

In Kapitel 3 entwickeln wir daher – ausgehend von dem optimierungsbedürftigen IST-Zustand in Bezug auf diese drei Kernherausforderungen – eine neue HR-Wertarchitektur, die den Implikationen und

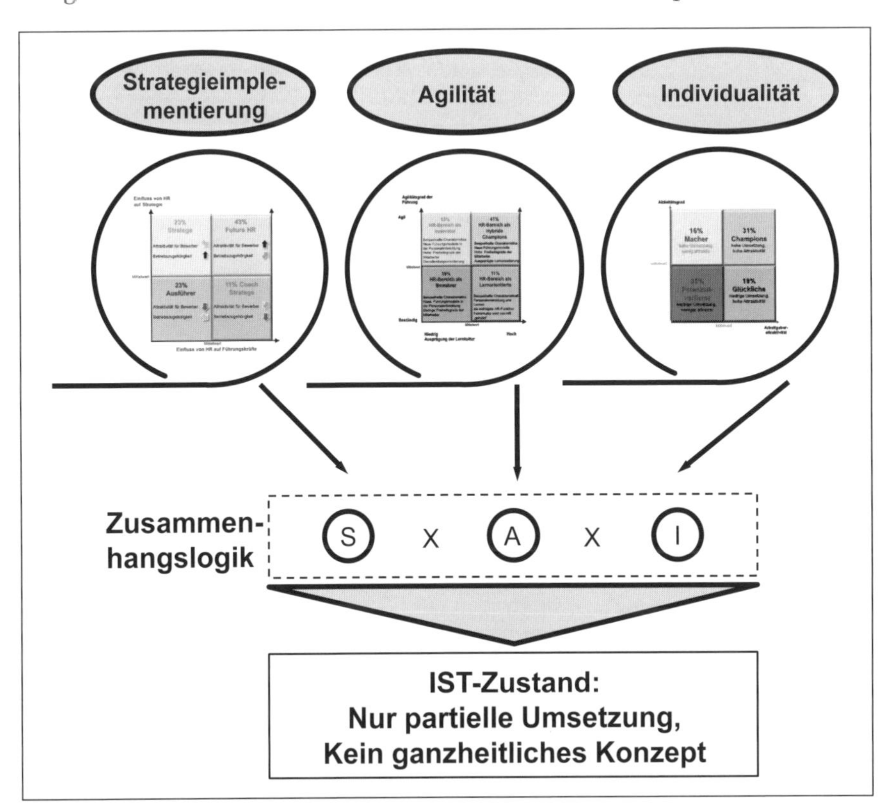

Abb. 19: Ist-Zustand der Adressierung von Strategieumsetzung, Agilität und Individualisierung durch das HRM

Anforderungen von konsequenter Strategieumsetzung, agiler Unternehmensführung und differenzierten Individualisierungstrends gerecht werden kann. Sie ist als Denkanstoß zu verstehen, die an unternehmensspezifische Bedürfnisse angepasst werden muss, was wir im Anschluss in Kapitel 4 weiter ausführen.

Short Summary Kapitel 2:

In zahlreichen Forschungsprojekten analysierten wir mehrere hundert HR-Bereiche hinsichtlich ihrer Ausprägung der in Kapitel 1 entwickelten Kernanforderungen an das HR Management. Folgender Ist-Zustand lässt sich festhalten:

Strategieumsetzung:

Wir unterscheiden vier Typen von HR-Abteilungen in Abhängigkeit von ihrem Beitrag zur Umsetzung der Unternehmensstrategie sowie Unterstützung der Führungskräfte:

- **HR als Impulsgeber:** Anteil: 43 %
- **HR als Stratege:** Anteil 23 %
- **HR als Coach:** Anteil 11 %
- **HR als Ausführer:** Anteil 23 %

Fazit: *Ein größerer Teil der heutigen HR-Bereiche ist noch nicht in der Lage, einen mit Unternehmensleitung und Führungskräften abgestimmten Beitrag zur Umsetzung der Unternehmensstrategie zu leisten.*

Agilität:

Wir unterscheiden vier Typen von HR-Bereichen in Abhängigkeit von der Ausprägung agiler Führungskompetenzen sowie nachhaltiger Lernkultur:

- **HR als Hybrider Champion:** Anteil 41 %
- **HR als Innovator:** Anteil 13 %
- **HR als Lernorientierter:** Anteil 11 %
- **HR als Bewahrer:** Anteil 35 %

Fazit: *Agilität spielt als Kernaspekt zukünftiger Unternehmensausrichtungen nur eine untergeordnete Rolle im HR Management vieler Unternehmen.*

Individualisierung:

Wir unterscheiden vier Typen von HR-Bereichen in Abhängigkeit von der Zahl umgesetzter Personalmaßnahmen und der daraus resultierenden Arbeitgeberattraktivität:

- **HR als Champion:** Anteil 31 %
- **HR als Glücklicher:** Anteil 19 %
- **HR als Macher:** Anteil 16 %
- **HR als Potenzialverlierer:** Anteil 35 %

Fazit: *Die Ausrichtung des HR Managements auf die Anforderungen einer heterogenen Belegschaft ist tendenziell unzureichend ausgeprägt.*

Wenngleich es bezüglich der einzelnen Kernherausforderungen HR-Bereiche gibt, die gut aufgestellt sind, findet die Berücksichtigung aller drei Säulen Strategieumsetzung-Agilität-Individualisierung (S-A-I) durch das HRM bislang kaum Beachtung.

3 Die neue HR-Wertarchitektur

Unsere Forschungsergebnisse (Kapitel 2) veranschaulichen viele empfehlenswerte Ansatzpunkte zur Ausrichtung eines zeitgemäßen HR Managements, das auf die Kernanforderungen Strategieumsetzung, Agilität und Individualisierung ausgerichtet ist. Allerdings wird auch deutlich, dass kaum ein Unternehmen bislang alle drei Anforderungssäulen auf höchster Qualitätsstufe zeitgleich verwirklicht. Solange die Fokussierung auf nur eine oder zwei Anforderungen auf Basis einer bewussten strategischen Entscheidung erfolgt, macht diese (vorübergehende) Selektion durchaus Sinn. Unsere Analysen und Experteninterviews zeigen jedoch, dass zumeist eine klassisch-funktionale Steuerungslogik der Personalprozesse vorherrscht, was eine zeitgleiche Umsetzung der Anforderungssäulen verhindert.

Ausgehend von dieser Problemstellung setzen wir uns in Unterkapitel 3.1 mit bisherigen HR-Prozessmodellen zur Organisation von Abläufen, Aufgaben und Strukturen auseinander. Im Anschluss untersuchen wir in Kapitel 3.2 deren Stärken sowie Schwächen und führen aus, warum die alten Systematisierungslogiken in der „traditionellen" Welt eine exzellente Steuerung ermöglichen. Wird das HRM jedoch im Kontext fluider Organisationen und volatiler Umwelten betrachtet, so verlieren diese Instrumente an Wirkkraft. Auch eine Telefonzelle ist heute noch funktional in dem Sinne, dass sie für einen Telefonanruf genutzt werden kann. Nichtsdestotrotz ermöglicht ein Smartphone dieselbe Funktionalität, ergänzt um eine Reihe weiterer Leistungen, und arbeitet dabei schneller, flexibler und effizienter. Ähnlich verhält es sich mit der Gegenüberstellung traditioneller HR-Prozessmodelle und der von uns vorgeschlagenen neuen HR-Wertarchitektur. Während traditionelle Modelle in früheren Zeiten absolut ausreichend waren, sind inzwischen ergänzende Anforderungen hinzugekommen, die nur durch ein Neudenken von HRM erfüllt werden können. Wie diese Neudefinition aussehen kann, erläutern wir in den Unterkapitel 3.3 und 3.4 mit der Vorstellung unseres SAI-Modells einer neuen HR-Wertarchitektur.

3.1 Bisherige Umsetzungslogik im HR-Umfeld

Einhergehend mit der Idee eines wertschöpfenden HR-Bereichs beschäftigten sich Wissenschaftler und Praktiker in der Vergangenheit damit, wie HR-Prozesse strukturiert und organisiert sein sollten, um den Wertbeitrag mess- und damit optimierbar zu machen. Unter Rückgriff auf Unternehmensprozessmodelle, die in vollständiger Form den Wertschöpfungsprozess abbilden, wurde diese Ordnungssystematik weiterentwickelt und auf den HR-Bereich übertragen. Die Grundidee derartiger Modelle auf Organisationsebene umfasst die Darstellung aller Stufen des Produktions- bzw. Leistungsentwurfs inklusive ihres wertschöpfenden Beitrags (primäre Aktivitäten) sowie die Abbildung aller produkt- und leistungsunterstützenden Aktivitäten (sekundäre Aktivitäten) in einem Prozesszusammenhang. Während ursprünglich nur die primären Aktivitäten – das heißt solche, die sich direkt auf die Produktions- bzw. Leistungserstellung beziehen – als Treiber von Wettbewerbsvorteilen angesehen wurden, verbreitete sich mit dem strategischen Human Ressource Management-Ansatz die Ansicht, dass auch das HRM als sekundäre, unterstützende Tätigkeit einen wertschöpfenden Beitrag zur Differenzierung am Markt leisten kann[114]. Als Konsequenz nutzten verschiedene Autoren den auf das Gesamtunternehmen bezogenen Ansatz der Wertschöpfungskette zur Systematisierung von HR-Prozessen[115]. Im Folgenden konzentrieren wir uns auf zwei Übertragungslogiken, anhand derer wir die Stärken und Schwächen von HR-Prozessmodellen herausarbeiten.

Steuerung – Operation – Service: Die HR-Wertschöpfungskette nach SOS-Logik

Ein stringenter Konzepttransfer von der Unternehmens- auf die Personalmanagement-Ebene findet sich in der Nutzung des SOS-Konzepts[116] für die Entwicklung einer HR-Prozesskette[117]. Nach dem SOS-Modell lassen sich drei Arten von Aktivitäten innerhalb eines Unternehmens unterscheiden:

- Steuerungsaufgaben: Übergeordnete Führungsaufgaben, die der Lenkung und Gestaltung des Unternehmens dienen
- Operative Aufgaben: Ausführungstätigkeiten, die zur unmittelbaren Produkt-/Leistungserstellung und -nutzung notwendig sind

[114] Vgl. Oertig & Kohler (2010).
[115] Vgl. Gutschelhofer (1996); Kiehn (1996); Oertig & Kohler (2010).
[116] Vgl. Wild (1973).
[117] Vgl. Becker (2000).

- Serviceaufgaben: Sämtliche Support- und Controllingprozesse, die für die Aufrechterhaltung der Produkt-/ Leistungserstellung benötigt werden

Übertragen auf den Personalbereich zählen nach Becker[118] Personalstrategie, -politik und -planung zu den Steuerungsaufgaben, Personalcontrolling, -verwaltung und -infrastruktur zu den Servicetätigkeiten und alle verbleibenden HR-Tätigkeiten zu den operativen Aufgaben (vgl. Abbildung 18). Der Ansatz gibt die Gewichtungsverhältnisse in der Personalarbeit recht deutlich wieder: Der Fokus liegt auf dem operativen Geschäft und der Ausführung von Serviceaufgaben. Becker betont dabei explizit, dass die SOS-Wertschöpfungskette den für sie idealtypischen Zustand darstellt: In der Realität ist die Verteilung der einzelnen Aufgabenfelder nicht jeweils 1/3, sondern beträgt 10 % Strategie, 30 % operatives Geschäft und 60 % Service-Tätigkeiten. Nach dem SOS-Verständnis schaffen HR-Bereiche vor allem durch funktionale Ausdifferenzierung in ausführenden Aufgaben Werte, statt durch Exzellenz in der Strategieimplementierung, der agilen Gestaltungslogik und individualisierten Ausrichtung auf Mitarbeiterbedürfnisse.

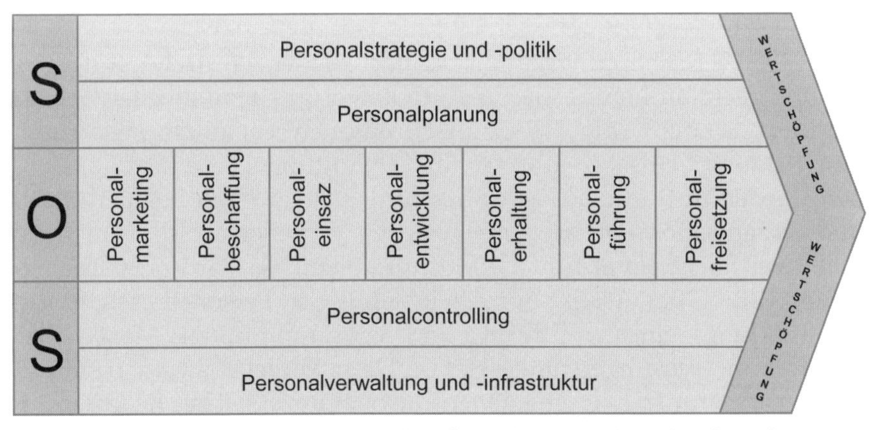

Abb. 20: Idealtypische HR-Wertschöpfungskette nach Becker (2000), S. 8.

Von der Prozess- zur Zielorientierung: Die MO5-Wertschöpfungskette

Ein weiterer Erklärungs- und Gestaltungsansatz für HRM stellt die „Saarbrücker MO5-Wertschöpfungskette" dar[119]. Unter Rückgriff auf die

[118] Vgl. Becker (2000).
[119] Vgl. Scholz (2003).

Grundsätze der klassischen Wertschöpfungskette von Porter[120] definiert Scholz[121] fünf Wertschöpfungsziele der Personalarbeit:

1) **Alleinstellung:** Wertbeitrag durch die Gewinnung von Fachkräften mittels zielgerichtetem Employer Branding
2) **Talentoptimierung:** Wertbeitrag über Ausbau und Vernetzung der Kernkompetenzen durch bestmögliche Nutzung des Humankapitals mittels strategisch orientierter Personalentwicklung
3) **Führungserfolg:** Wertbeitrag durch Ausrichten der Mitarbeiter auf Gesamteffektivität über beziehungsorientierte Führung mit dem Ziel der Motivationssteigerung
4) **Schnelligkeit:** Wertbeitrag durch Prozessbeschleunigung und -optimierung im Unternehmen.
5) **Varietätsbewältigung:** Wertbeitrag durch den Umgang mit Komplexität mittels Vergütungsmodellen, Etablieren der Position sowie Nachfolgeplanung.

Wie in Abbildung 19 dargestellt, können die fünf Ziele je nach unternehmensspezifischem Kontext entweder über den Markt oder über die Organisation bezogen werden[122]. Mischlösungen (externe und interne Lösung) sollten nach Scholz aufgrund hoher Zeit- und Kostenintensität vermieden werden.

Die MO5-Wertschöpfungskette orientiert sich an Wertschöpfungszielen und nicht an konkreten HR-Aktivitäten. In einem zweiten Schritt definiert Scholz[123] die HR-Grundfunktionen Personalbeschaffung, -entwicklung, -einsatz, -führung und -vergütung. Diese fünf Funktionen werden in Bezug auf jedes der fünf Ziele auf den Ebenen Markt und Organisation bewertet (matrixartige Vorgehensweise, fünf Ziele mal zwei Ebenen mal fünf Grundfunktionen). So wird beispielsweise geprüft, ob der Aspekt der Alleinstellung in Personalbeschaffung, -entwicklung, -einsatz, -führung und -vergütung mittels Markt- oder Unternehmenslösungen umgesetzt ist. Diese Vorgehensweise resultiert in insgesamt fünfzig verschiedenen Personalprozessen zur Realisierung der Wertschöpfungsziele. Um die Übersicht über die Erreichung der einzelnen Wertschöpfungsziele in Bezug auf alle Funktionen und Wege der Markt- und Organisationsbeschaffung zu behalten, empfiehlt Scholz den Einsatz spezifischer Softwarelösungen.

Die MO5-Wertschöpfungskette ist zwar nach wie vor in einer Prozesslogik mit Bezug auf die klassischen Kernfunktionen von HR-Bereichen

120 Vg. Porter (1985).
121 Vgl. Scholz (2003), S. 128.
122 Vgl. Scholz (2003).
123 Vgl. Scholz (2003).

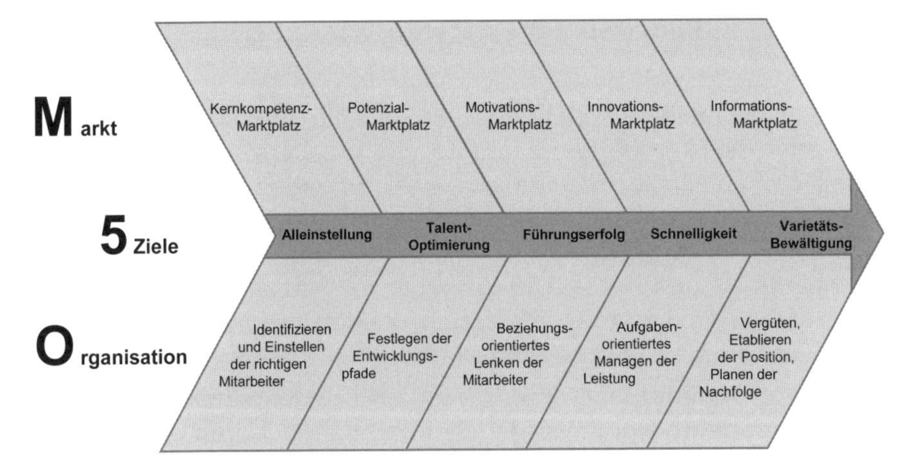

Abb. 21: Saarbrücker MO5-Wertschöpfungskette des Personalmanagements nach Scholz (2003), S. 132.

aufgebaut, versucht diese aber in Abgrenzung von vorangegangenen Ansätzen mit einem Zielbezug aufzuladen. Damit ist ein erster Schritt weg von einer rein ausführenden und prozessoptimierenden Betrachtung von HR-Aktivitäten hin zu einer **zielorientierten Ausformulierung der HR-Funktionen** getan. Mit den Aspekten der Schnelligkeit und Varietätsbewältigung arbeitet Scholz zudem die veränderten Umweltbedingungen als zu berücksichtigende Einflussfaktoren für das HRM heraus. Beide Faktoren sind in der von uns identifizierten HR-Kernanforderung „Agilität" ebenfalls enthalten (vgl. Kapitel 1.3 und 2.2). Auffällig ist allerdings, dass der Aspekt der Strategieimplementierung in dem Konzept keine explizite Aufgabe darstellt, sondern implizit als Endziel der Kette vermutet werden kann.

Interessant ist weiterhin die Fokussierung auf Markt- und Unternehmensebene unter Verzicht auf die Mitarbeiterperspektive. Das Humankapital wird im Sinne der „Theorie X"[124] als zu optimierender Produktionsfaktor betrachtet, der über gezielte Gewinnung, Entwicklung und Führung zu maximalem Output entfaltet werden kann. Die Adressierung der Mitarbeiterbedürfnisse erfolgt zwar über die Schaffung einer optimalen Arbeitsumgebung zwecks Leistungsmaximierung, stellt damit aber eine indirekte Größe und kein eigenes Ziel dar.

[124] McGregor (1960) bezeichnete die unterschiedlichen Menschenbilder als Theorie X (Annahme: Der Mensch hat eine Abneigung gegen Arbeit – nur durch Androhung von Strafen und hohe Kontrollen kann maximaler Output erreicht werden) und Theorie Y (Annahme: Das Individuum ist intrinsisch motiviert – die Tätigkeit an sich und das Ausmaß der Selbstbestimmung sind zentrale Einflussfaktoren der Motivation).

3.2 Notwendigkeiten der Weiterentwicklung

In der „traditionellen" Welt klassischer Kausallogiken ermöglichen Prozessketten die Herausbildung funktionaler Exzellenz und hervorragender Steuerbarkeit. Sie unterstützen die Identifikation und Optimierung aller Tätigkeiten, die im Rahmen der Herstellung eines Produktes oder einer Dienstleistung erbracht werden und sind in Form einer prozessorientierten Logik aufgebaut. In Umwelten mit klar abgrenzbaren Strukturen stellen sie damit die erfolgreiche Weiterführung von Unternehmenswertketten für den HR-Bereich dar.

In fluiden Organisationen mit ständig an Kundenwünsche anzupassendem Produktportfolio ist die Definition einer klaren Abfolge von Schritten zur Wertschöpfung dagegen aufwendiger. Die Zahl möglicher Wertketten steigt, so dass die Abstimmung und Integration zwischen den Prozessen an Bedeutung gewinnt. In diesem Kontext gewinnt das Konzept der Wertschöpfungsarchitektur an Bedeutung. Der Begriff kennzeichnet „ein System von aufeinander abgestimmten Wertschöpfungsprozessen, die auf eine gemeinsame Stiftung von Nutzen für den Kunden abzielen"[125]. Eine Wertarchitektur beschreibt die sachlogischen Beziehungen zwischen den zur Leistungserbringung notwendigen Aktivitäten und veranschaulicht damit „wie die Dinge ineinander greifen"[126]. Sie sind als übergeordnete Systematisierungsordnungen zu verstehen, die eine integrierte Gesamtbetrachtung des Zusammenhangs einzelner Wertschöpfungsketten ermöglichen. Eine Wertarchitektur umreißt

(1) welche Wertschöpfungsziele

(2) durch wen bzw. mittels welcher Vorgehensweise/Zusammenarbeitsperspektive und

(3) in Bezug auf welche Inhalte erreicht werden sollen. Im Folgenden betrachten wir bisherige HR-Prozessmodelle (vgl. Kapitel 3.1) in Bezug auf diese drei Komponenten.

(1) Wertschöpfungsziele

Was sind die Ziele des HRM? Während in früheren Ansätzen funktionale HR-Exzellenz im Vordergrund stand, berücksichtigt die MO5-Wertschöpfungskette[127] auch die inhaltliche Ausgestaltung der HR-Arbeit im Wertschöpfungskontext. Diese zielorientierte Aufladung von

[125] Bach, Brehm, Buchholz & Petry (2012), S. 97.
[126] Bach et. al. (2012), S. 97.
[127] Vgl. Scholz (2003).

HR-Aktivitäten ist eine entscheidende Komponente für die Zukunftsfähigkeit des HR Managements: In einer volatilen Wirtschaftswelt ist nicht mehr nur die effiziente Abwicklung von Einzelaufgaben maßgeblich für den Unternehmenserfolg. Auch die schnelle, kundenorientierte und kostengünstige Durchführung von Wertschöpfungsprozessen wird zum Differenzierungsfaktor im Wettbewerb[128]. Aus unseren Analysen (vgl. Kapitel 2) ist in Bezug auf die Zielsetzung allerdings eine noch stärkere Akzentuierung von Strategie- sowie Individualisierungsorientierung durch das HRM wünschenswert. Außerdem berücksichtigen (mit Ausnahme der MO5-Wertschöpfungskette[129]) noch zu wenige Ansätze die Notwendigkeit von agilem Handeln für das HRM. Zusammenfassend lässt sich also sagen, dass bisherige Modelle um einen Fokus auf Strategieimplementierung, Agilität und Individualisierung als Bewertungsgröße für jede HR-Aktivität zu erweitern sind, anstatt sich ausschließlich auf die funktionale Ausdifferenzierung und Prozessoptimierung klassischer HR-Funktionen zu beschränken.

(2) Vorgehensweise/Zusammenarbeitslogik

Wie bzw. durch das Zusammenspiel welcher Akteure sollen die Wertschöpfungsziele erreicht werden? Bisherige HR-Wertketten orientieren sich am klassischen Steuerungsparadigma und optimieren interne Prozesse im Alleingang, was der Managementvordenker Peter Drucker wie folgt kritisiert: „The inside of the organization is the domain of [HR] management. [...] But results of any institution exist only on the outside".[130] Drucker führt aus, dass die interne Fokussierung in der „alten" Wirtschaftsordnung durchaus sinnvoll war – in der neuen, volatilen Welt muss der Fokus allerdings konsequent nach außen gerichtet werden. Das HR Management behält dagegen nach wie vor primär eine interne Perspektive: Innerhalb des HR-Bereichs werden Lösungen entwickelt, die dann als Produkte nach außen abgesetzt werden. In Anlehnung an die Ausführung von Peter Drucker zeigt eine Ausweitung des Blicks auf die Unternehmensebene, dass diese Logik nur eine Möglichkeit unter vielen auf dem Weg zur Leistungsfortentwicklung darstellt.

Zahlreiche Unternehmen nutzen heute drei verschiedene Ansatzpunkte der Produktentwicklung[131]. Nach der traditionellen Inside-Out-Perspektive werden Produkte/Leistungen im Unternehmen entwickelt, produziert und dem Kunden angeboten. Das Open Innovation Konzept („offener Innovationsansatz") postuliert dagegen die Nutzung externer

---

[128] Vgl. Bach et. al. (2012).
[129] Vgl. Scholz (2003).
[130] Drucker (2007), S. 34.
[131] Vgl. Gassmann & Enkel (2006).

Impulse zur Ausweitung des Innovationspotentials von Unternehmen. Damit erweitert sich der „alte" Produktentwicklungsprozess um eine Outside-In Perspektive (das externe Wissen von Kunden, Lieferanten oder anderen Akteuren wird genutzt und in Produkte/Leistungen umgewandelt). Darüber hinaus gibt es Mischformen (mixed/coupled Prozesse), bei denen sowohl die intern entwickelte Innovation nach außen vermarktet wird als auch die Integration von externem Know-How zur Weiterentwicklung erfolgt[132].

Eine traditionelle Inside-Out-Logik legt eine kritische Reflexion bisheriger HR-Wertschöpfungsketten nahe: Vorrangig entwickelt der HR-Bereich Personalprodukte, -leistungen und -instrumente, welche dann dem externen Markt (Mitarbeiter, Führungskräfte, Geschäftsleitung) offeriert werden. Diese Binnenperspektive wird in der MO5-Wertschöpfungskette[133] zwar durch die Möglichkeit des Bezugs von Personalfunktionen auf den Markt geweitet, dabei wird aber explizit von einer Durchmischung von Markt- und Organisationslösungen abgeraten. Unsere Forschungsergebnisse zu den Treibern der Strategieumsetzung, Agilität und Individualisierung (Kapitel 2) zeigen allerdings, dass diese Abgrenzung den Anforderungen offener Organisationen nicht gerecht wird. Die Abschottung von HR-Bereichen steht in scharfem Kontrast zu Entgrenzungstrends auf den relevanten Anforderungsebenen von HRM: (1) Auflösung von Branchengrenzen auf Marktebene, (2) Auflösung von Abteilungs- und Organisationsgrenzen auf Unternehmensebene sowie (3) Auflösung der Trennung von Arbeits- und Freizeit auf Mitarbeiterebene. In einer interdisziplinär vernetzten Umwelt kann das HRM in der alten, funktionsorientierten Abteilungslogik mit Allwissenheitsanspruch keinen maximalen Wertbeitrag erzielen. Nur HR-Bereiche, die alle drei Perspektiven (Inside-Out, Outside-In, Mixed) berücksichtigen, werden nachhaltig erfolgreich sein. Zusammenfassend lässt sich also festhalten, dass bisherige Modelle um einen Fokus auf Outside-In, Inside-Out und Mixed Perspektiven zur Leistungsentwicklung zu erweitern sind, statt eine einseitige Binnenorientierung zu präferieren.

(3) Inhalte

Welche Aktivitäten sollen in Bezug auf Zielsetzung und Vorgehensweise/ Zusammenarbeitsperspektive geprüft werden? Bisherige Modelle arbeiten vorzugsweise funktionsorientiert, das heißt der Zielerfüllungsgrad

---

[132] Ein Beispiel ist die Freigabe des Entwicklerwerkzeuges Xcode durch Apple, die Externen die Entwicklung von Applikationen für das iPhone ermöglicht. Die Apps werden dann von Apple geprüft und können nur über den im Unternehmensbesitz befindlichen App Store vertrieben werden.

[133] Vgl. Scholz (2003).

einer Anzahl von HR-Funktionen (z. B. Personalbeschaffung, -entwicklung, -einsatz, -führung und -vergütung bei Scholz[134]) wird geprüft. Unsere Forschungsergebnisse (vgl. Kapitel 2) weisen allerdings darauf hin, dass das Denken in HR-Funktionen eine integrierte, die Gesamtperspektive berücksichtigende und schnelle Leistungserstellung oftmals beeinträchtigt. Erfolgreiche Ansätze der Zusammenarbeit selbstgesteuerter Teams belegen in ähnlicher Weise, dass eine Abkehr von der Funktionsorientierung hin zu einer inhaltsorientierten Tätigkeitsausgestaltung höhere Kundenorientierung, ganzheitliche Aufgabenerledigung, Reduzierung von Kommunikationsbarrieren, Zeitgewinn sowie eine Wirtschaftlichkeitserhöhung bei der Aufgabenerledigung zur Folge haben[135]. Darüber hinaus zeigte sich in unseren Best Practice-Workshops, Organisationsanalysen sowie Experteninterviews, dass eine Zuordnung typischer HR-Aufgaben zu den einzelnen Funktionen oftmals schwer fällt. Die Gestaltung von Lernwelten gehört zur Personalentwicklung, beeinflusst aber gleichermaßen den Personaleinsatz, Vergütungslogiken und die Personalstrategie. Eine Erhöhung der Arbeitgeberattraktivität ist nicht nur eine Kommunikationsaufgabe des Personalmarketings, sondern hängt von ganz unterschiedlichen Funktionen wie Personalführung, Personaleinsatzplanung und Personalentwicklung ab. Insgesamt erschwert die Funktionsorientierung bisheriger Modelle eine vernetze und agile Arbeitsweise von HR-Bereichen, weswegen eine tätigkeitsorientierte Betrachtung angedacht werden sollte. Auf Basis unserer Literaturanalysen im Rahmen des Forschungsprojekts[136] sowie der Ergebnisse unserer Best Practice-Workshops schlagen wir – ohne Anspruch auf Vollständigkeit – folgende Schwerpunktaktivitäten von HR-Bereichen vor:

- Managementsysteme
- Kommunikation und Change
- Zielvereinbarungslogiken
- Anreizsysteme
- Ressourcenmanagement
- Führungslandschaft
- Lernwelten
- Organisationskultur
- Karrierepfade
- Personalgewinnung
- Arbeitszeitmodelle

[134] Vgl. Scholz (2003).
[135] Vgl. Noé (2012).
[136] Vgl. z. B. Kurzhals & Schaper (2008); Scholz (2003).

In der Zusammenfassung verdeutlicht die kritische Reflexion bisheriger HR-Prozessmodelle vor dem Hintergrund der drei Ausgestaltungsbestandteile von Wertarchitekturen (Ziele, Vorgehensweise, Inhalte) die Notwendigkeit der Erweiterung des Blicks von HRM hin zu einem „grenzenlosen" HR-Bereich[137]. Dazu ist es gegebenenfalls notwendig, einzelne HR-Aktivitäten aus der vormals integrierten Wertschöpfungskette voneinander zu lösen und neue Arbeitsteilungen innerhalb von HR-Bereichen sowie zwischen den Unternehmensbereichen zu implementieren[138]. Im folgenden Kapitel stellen wir unser SAI-Modell vor, das einen Ansatzpunkt zur Umsetzung einer zukunftsfähigen HR-Wertarchitektur bietet.

3.3 Aufruf: Eine neue Wertarchitektur

Die Anforderungen volatiler Umwelten und sich auflösender Unternehmensgrenzen erfordern eine Abkehr von der klassischen HR-Prozesskettenlogik hin zur Betrachtung einer ganzheitlichen HR-Wertarchitektur. Aus der kritischen Analyse bisheriger Modelle identifizierten wir folgende Optimierungspotenziale von HR-Bereichen:

(1) Wertschöpfungsziele: Fokus auf Strategieimplementierung, Agilität und Individualisierung als Bewertungsgröße für jede HR-Aktivität, statt auf operative Exzellenz

(2) Vorgehensweise/Zusammenarbeitslogik: Fokus auf Outside-In-, Inside-Out- und Mixed-Perspektiven zur Leistungsentwicklung, statt einseitige Binnenorientierung

(3) Inhalte: Fokus auf Tätigkeiten und Gestaltungsfelder, statt auf Funktionen

Die Erreichung der drei Ziele Strategieimplementierung, Agilität und Individualisierung von HR-Bereichen erfordert jeweils unterschiedliche Zusammenarbeitslogiken, um eine maximale Wirkung zu entfalten. Im Folgenden erläutern wir – unter Rückgriff auf Ansätze aus dem Change Management, der Systemtheorie und des organisationalen Lernens –

[137] Der Begriff des grenzenlosen Personalbereichs lehnt sich an die Idee der grenzenlosen Organisation (aus dem englischen boundaryless organization) an. Nach diesem Ansatz sind Unternehmen als Folge verbesserter Informations- und Kommunikationstechniken keine abgeschlossenen, integrierten Gebilde mehr sonder inter-organisationale Systeme in interdisziplinären Netzwerken und Kooperationsgepflechten. Vlg. hierzu Picot, Reichwald & Wigand (2003); Ashkenas, Ulrich, Jick & Kerr (1995).

[138] Vgl. Proff (2005).

welche Zuordnung von Outside-In-, Inside-Out- und Mixed-Logik eine maximale Erfolgswirkung verspricht.

3.3.1 Strategieumsetzung mit Inside-Out-Logik – Orientierung durch Komplexitätsreduktion

Die Strategieumsetzung kann und muss weiterhin in der traditionellen Steuerungslogik (Inside-Out-Perspektive) gedacht werden. Die Aufgabe des HRM liegt in der Fokussierung auf sowie Akzentuierung und Selektion von Kernthemen, um in komplexen Umgebungen Orientierung durch die Verankerung einer gemeinsamen Leitlinie zu schaffen (vgl. Kapitel 1.2). Modular aufgebaute, flexible Unternehmen benötigen eine klare Führung auf Gesamtebene, damit die autonomen Untereinheiten im Sinne der strategischen Ausrichtung agieren können: Orientierung sorgt dafür, dass Energien auf ein gemeinsames Ziel ausgerichtet werden können[139]. Mit jeder Richtungsvorgabe steigt jedoch auch die Wahrscheinlichkeit von Kritik und gegenläufigen Meinungen. Das HRM muss sich an dieser Stelle konfliktfähig zeigen und bereit zu intensiven Diskussionen mit Führungskräften sein[140]. Die gezielte Planung, Kontrolle und Steuerung der Strategieumsetzung ist insbesondere in sich wandelnden Unternehmen notwendig. Die vielfältigen Inhalte von Veränderungsprozessen dürfen das operative Geschäft nicht unnötig beeinflussen, weswegen das HR Management eine Komplexitätsreduktion durch klare Kommunikation und Prozesse bewerkstelligen muss. Dies erfordert die Verdichtung einer Vielzahl von Informationen und die Identifikation zentraler Treiber, um die Steuerungssysteme gezielt auf die Gesamtstrategie auszurichten[141].

3.3.2 Agilität mit Mixed-Logik – Impulsgebung durch Systemirritation

Agilität bezieht sich sowohl auf die Prozesse und Abläufe innerhalb von HR-Bereichen als auch auf die Beiträge des HRM zur Verankerung eines agilen Mindsets in der Gesamtorganisation. Dabei kann Agilität nicht vom HR-Bereich auf andere Bereiche übertragen werden, sondern benötigt einen wechselseitigen Austauschprozess zwischen HR

[139] Vgl. Mescheder & Sallach (2012).
[140] Vgl. Oltmanns (2014).
[141] Vgl.Hartmann (2004).

und Geschäftsführung, Führungskräften sowie Mitarbeitern (Mixed-Perspektive). In der Systemtheorie findet sich auch die Bezeichnung der Irritation für das Einbringen von neuen Impulsen, welche soziale Akteure zu Reflexions- und Veränderungsprozessen anregen[142]. Die Aufgabe des HRM ist die Einbringung von Ideen für die agile Gestaltung von Personalinstrumenten, Prozessen und Zusammenarbeitslogiken. Diese müssen aber durch die betroffenen Gruppen (Mitarbeiter, Führungskräfte, Geschäftsleitung) weiterentwickelt und ausgestaltet werden.

3.3.3 Individualisierung mit Outside-In-Logik – Absorption durch organisationales Lernen

Der Aspekt der Individualisierung ist durch die Betroffenen selbst, das heißt die Leistungsempfänger, auszugestalten – denn die eigenen Bedürfnisse kennt der Kunde oft selbst am besten[143]. Die Quelle des Wissens über Mitarbeitererwartungen liegt nicht beim HR Management. Vielmehr wohnt der Belegschaft selbst die Kompetenz zur Beantwortung der Frage inne, welche Rahmenbedingungen sie zur Erreichung maximaler Leistungsfähigkeit benötigt. Das HRM sollte von Mitarbeitern, Führungskräften und Geschäftsführung lernen, ihre Anforderungen verstehen und zu Produkten und Leistungsangeboten weiterentwickeln (Outside-In Perspektive). Zentral ist dabei das Verständnis dafür, was einzelne Mitarbeitergruppen antreibt, welche Werte sie vertreten, wie ihre Ziele ausgestaltet sind und was relevante Ergebnisse für sie darstellen[144]. Auf diese Art und Weise kann mittels Absorption der Impulse der Leistungsempfänger die HR-Arbeit konsequent auf die Zielgruppe ausgerichtet werden. Überflüssige Leistungen, die von Mitarbeitern und Führungskräften nicht gewünscht werden, werden identifiziert und durch attraktivere Bindungsinstrumente ersetzt. In der Theorie des organisationalen Lernens wird diese Anpassungsfähigkeit als Doppel-

---

[142] Bei Luhmann (1997; 2002) bezeichnet der Begriff „Irritation" Anstöße von Umweltsystemen, also von außen, oder Anstöße durch Hinwendung zum eigenen System. Irritationen haben zur Folge, dass ein System Informationen erhält und nach seiner Grundlogik der Autopoiesis diese Information aufgreifen und dadurch den Systemzustand ändern muss. Nach Luhmanns Verständnis ist eine Änderung des Systemzustands nicht gleich zu setzen mit einer Korrektur (Reaktion auf eine Störung und Wiederherstellung des Ausgangszustands). Vielmehr ist die Resonanz offen: Entweder werden bestehende Strukturen bestätigt oder verändert. Vgl. hierzu Miebach (2014), S. 275; Krause (2005), S. 169.

[143] Vgl. Langbehn (2010).

[144] Vgl. Drucker (2007).

schleifenlernen[145] bezeichnet: Mittels Reflexion und Offenheit werden Leitwerte und Grundsätze kontinuierlich hinterfragt und bei Bedarf an die Bedürfnisse der Zielgruppen angepasst. Im Gegensatz zur oberflächlichen Symptombekämpfung stehen bei dieser Lernorientierung die Ursachenforschung und damit das Finden nachhaltiger Lösungen im Vordergrund.

3.4 Das SAI-Modell

Aus der zuvor erläuterten Kombination aus Wertschöpfungszielen, Zusammenarbeitslogiken, Aktivitäten und Gestaltungsfeldern ergibt sich die in Abbildung 20 dargestellte, interdependente HR-Wertarchitektur. Diese nennen wir in Anlehnung an die Kernanforderungen des HRM (**S**trategieimplementierung treiben, **A**gilität ermöglichen, **I**ndividualisierung schaffen) – das SAI-Modell. Während das Erreichen von Strategieumsetzung, Agilität und Individualität einen Wertbeitrag für das Gesamtunternehmen schafft, stellen die klassische Service-Funktionen (z.B. Gehaltsabrechnung, Vertragswesen) ausschließlich verwaltende Komponenten dar[146]. Aus diesem Grund sind Services kein Bestandteil der Wertarchitektur. Für sie muss je nach Unternehmenssituation eine

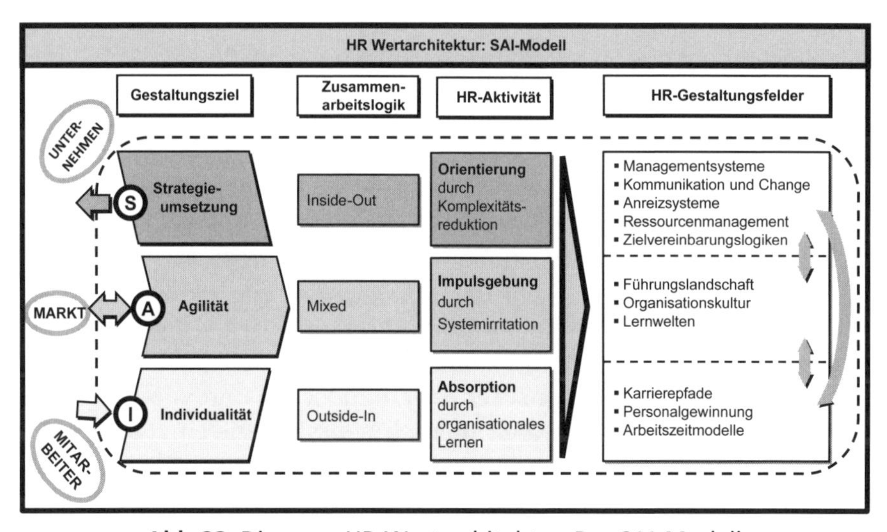

Abb. 22: Die neue HR-Wertarchitektur: Das SAI-Modell

[145] Vgl. Argyris & Schön (1996).
[146] Vgl. auch Scholz (2003): In der MO5-Wertschöpfungskette sind Service-Tätigkeiten ebenfalls nicht enthalten.

In- oder Outsourcing-Entscheidung getroffen werden, wozu sich in der Literatur bereits umfangreiche Entscheidungshilfen finden.[147]

Auch wenn die Tätigkeiten von Personalbereichen in den einzelnen Gestaltungsfeldern immer auf die Erfüllung aller drei Kernanforderungen geprüft werden müssen, zeigt unsere Forschung, dass HR-Bereiche das Setzen von bestimmten Schwerpunkten präferieren.

Für die Ausgestaltung der Managementsysteme, der Kommunikations- und Change-Maßnahmen, der Anreizsysteme, des Ressourcenmanagements und der Zielvereinbarungslogiken ist insbesondere die Berücksichtigung der **strategischen Passung** von Bedeutung. Nur wenn diese Personalinstrumente im Sinne der Inside-Out Logik von HR zentral gesteuert und derart gestaltet werden, dass Anreize und Prozesse die Strategieumsetzung fördern, handeln Mitarbeiter und Führungskräfte auch konsequent im Sinne der langfristigen Unternehmensausrichtung. Diese Instrumente sind zwar ebenfalls unter Agilitätsaspekten zu betrachten und an die individuellen Bedürfnisse der Mitarbeitergruppen anzupassen, wichtigstes Qualitätskriterium ist aber die Ausrichtung auf das Erreichen der Unternehmensstrategie. Die einzelnen Gestaltungsfelder definieren wir wie folgt:

- **Managementsysteme** bezeichnen die Gesamtheit der Instrumente zur Umsetzung der Unternehmensziele. Sie beschreiben die Organisationsstrukturen, Prozesse und Abläufe und umfassen beispielsweise Qualitätsmanagementsysteme, das Arbeitsschutz- und Sicherheitsmanagement oder Risikomanagement-Konzepte. Bei der Wahl einer ganzheitlichen Herangehensweise (vgl. auch EFQM-Modell, Kapitel 1) werden diese ursprünglich getrennten Systeme zu einem Ansatz zusammengefasst und die verschiedenen Subsysteme aufeinander abgestimmt. Die im Steuerungssystem verankerten Ziele, Kontrollkennzahlen und kontinuierlichen Verbesserungsprozesse müssen in jedem Aspekt die gesamtstrategische Ausrichtung wiederspiegeln – hat beispielsweise eine hohe Qualität höchste Priorität, ist eine Niedrigpreisstrategie in Einkauf und Produktion in den seltensten Fällen damit vereinbar. Dem HRM kommt die Aufgabe zu, die Kohärenz der Systeme zu prüfen, Inkonsistenzen aufzudecken und Vorschläge zur besseren Anpassung an die Unternehmensstrategie einzubringen.
- **Kommunikation und Change** verwenden wir zur Bezeichnung aller auf Information, Interaktion oder Veränderungsmotivation ausgerichteten Aktivitäten von HR. Bereits bei Ulrich[148] wird die Rolle des Personalbereichs als Gestalter von Veränderungsprozessen („HR

[147] Vgl. Renner & Schwarb (2010).
[148] Ulrich (1997).

als Veränderungsmanager", vgl. Kapitel 2.1) besonders betont. Sie umfasst sowohl die Entwicklung konkreter Maßnahmen zur Einleitung und/oder Kommunikation von Veränderungsprozessen als auch eine Sensibilisierung für die Stimmung in der Belegschaft. Werden die strategische Ausrichtung, neue Maßnahmen und Prozesse oder Change Programme bei den Mitarbeitern und Führungskräften akzeptiert? Wer kann als Promotor für die Verankerung der Veränderungen in der Organisation gewonnen werden und welche Kritiker sind zu überzeugen? Mittels welcher Ansprache und über welche Kanäle sind die Zielgruppen von Kommunikations- und Change-Aktivitäten am besten zu erreichen? Diese Fragen verdeutlichen beispielhaft die Anforderungen an Kommunikations- und Change-Aktivitäten, die auf eine Förderung der Strategieumsetzung sowie der dafür notwendigen Veränderungen abzielen. Im Optimalfall kommuniziert und agiert HR dabei in enger Zusammenarbeit mit Führungskräften aller Ebenen, beispielsweise durch die Bereitstellung von Kommunikationsunterlagen und/oder Trainingsangeboten sowie durch die Erfassung und Lösung von Problemen im Kontext des Change-Programms. Die Rollentrennung zwischen HR als Unterstützer von Veränderungen und Führungskräften als Umsetzern sollte allerdings bewusst ausgehandelt werden: Das HRM gestaltet den Rahmen für neue Prozesse, Abläufe und Mindsets, die Ausführung gelingt nicht ohne das Linienmanagement. Nur auf diese Art und Weise kann mangelnder Akzeptanz – dem Hauptgrund für das Scheitern von Change-Projekten – vorgebeugt werden. Change Management muss zu einem wesentlichen Bestandteil der Strategieumsetzung werden und kein weiteres Projekt darstellen, das nebenbei abgehandelt wird[149].

- **Anreizsysteme** beziehen sich auf die Kombination aller materiellen und immateriellen Anreize, die Mitarbeiter für ihre Tätigkeit in einem Unternehmen erhalten können. Zu den materiellen Anreizen zählen finanzielle Leistungen (Lohn/Gehalt, Boni) sowie Sachmittel (z. B. Smartphone, Laptop). Auch nicht direkt auf die Arbeit bezogene Anreize – beispielsweise betriebliche Altersvorsorge, Weiterbildungen oder Sonderkonditionen für unternehmenseigene Produkte – gehören zu den materiellen Entlohnungen[150]. Nichtfinanzielle Anreize können sowohl tätigkeitsnah (Arbeitszeitgestaltung, Kultur, Kommunikation) als auch kontextbezogen (betriebliches Gesundheitsmanagement, Firmenevents) wirksam werden. Während materiellen Anreize zumeist mit geringem Aufwand an die individuellen Bedarfe der Mitarbeiter

[149] Vgl. Ashkenas (2013).
[150] Vgl. Wickel-Kirsch, Janusch & Knorr (2008).

und die strategische Ausrichtung angepasst werden können, sind für die Gestaltung immaterieller Motivatoren oftmals größere Veränderungen von Arbeitskultur und -organisation notwendig. Aus diesem Grund finden sich in dem Betätigungsfeld von HR häufig Widersprüche zwischen der postulierten Unternehmensstrategie (z. B. Flexibilität, Kundenorientierung, Kreativität) sowie der angebotenen immateriellen Anreizfaktoren (z. B. starre Arbeitszeiten, bürokratische Strukturen, Denken in Hierarchien). Die Steuerungsfunktion von Anreizen wirkt in diesem Fall in eine andere Richtung als die Unternehmensstrategie – ein Widerspruch, der eine erfolgreiche Strategieumsetzung nahezu unmöglich werden lässt.

- **Ressourcenmanagement** bezeichnet die ganzheitliche Analyse des aktuellen sowie zukünftigen Mitarbeiterbestands und -bedarfs – inklusive einer systematischen Erfassung vorhandener und benötigter Kompetenzen – zur Ableitung von Maßnahmen zwecks Gewährleistung einer ausreichenden Zahl von Fachkräften zur Umsetzung der Unternehmensstrategie. Das künftige Angebot und die zu erwartenden Bedarfe an Mitarbeitern werden durch die Prognose von Zu- und Abgängen sowie verschiedenen Unternehmensentwicklungsszenarien miteinander abgeglichen. Auf dieser Basis lassen sich Rekrutierungs- und Personalentwicklungsvorhaben langfristig steuern und Engpässe vermeiden. In einem weitergehenden Verständnis ist neben der rein betriebswirtschaftlichen Funktion auch die Personalentwicklungs- und Motivationsfunktion für die Mitarbeiter bei der Besetzungsplanung zu berücksichtigen. Durch die Verwendung einer einheitlichen Methodik des HRM bei der Erfassung des Personalstandes der verschiedenen Geschäftsbereiche sowie einer identischen Vorgehenslogik zur Prognose der zu erwartenden Bedarfe können eine hohe Transparenz der Personalplanung erreicht und strategisch relevante Handlungsfelder aufgedeckt werden.
- **Zielvereinbarungslogiken** verwenden wir zu Bezeichnung der Werte- und Haltungskonstrukte, welche hinter der Ausgestaltung von Zielvereinbarungssystemen stehen. Zielvereinbarungen sollen Mitarbeiter motivieren, ihr Verhalten auf bestimmte Vorgaben hin ausrichten, Leistungsanforderungen transparent machen und eine Messung der Mitarbeiterleistung ermöglichen[151]. Der Grad der Zielerreichung kann mit variablen Gehaltsbestandteilen verknüpft sein, was allerdings nicht zwingend erforderlich ist. Es lässt sich zwischen Leistungszielen (Erreichung eines bestimmten Ergebnisses) und Verhaltenszielen (langfristige Veränderung von Verhaltensweisen) unterscheiden, welche beide aus den Unternehmenszielen abgeleitet

---

[151] Eyer & Haussmann (2009).

werden sollen. HR hat zum einen die Aufgabe, die Logiken hinter den Zielvereinbarungssystemen zu hinterfragen: Werden beispielsweise Mitarbeiter befördert, die sich angepasst und konform verhalten, obwohl die Unternehmensstrategie innovative und unkonventionelle Führungskräfte fordert? Außerdem sind die mit dem Zielvereinbarungssystem verknüpften Kennzahlen zu prüfen und ggf. in Abstimmung mit Führungskräften neue Messgrößen zu entwickeln. Nicht zuletzt kann HR die Führungskräfte durch Trainings und Leitfäden auch bei der strategiekonformen Durchführung von Zielvereinbarungsgesprächen unterstützen.

Zu den zentralen **Agilitätstreibern** zählen Führungslandschaften, Aspekte der Organisationskultur und Lernwelten. Das HRM sollte in diesen Gestaltungsfeldern sowohl die Bedarfe der Belegschaft aufnehmen und in Personalinstrumente umwandeln als auch eigene Impulse setzen (Mixed Perspektive). Die Begrifflichkeiten definieren wir wie folgt:

- **Führungslandschaften** bezeichnen verbindliche Führungsrichtlinien, implizite Führungsgrundsätze, den Führungskontext sowie die unternehmensübliche Führungskultur. Der Begriff deckt die Gesamtheit der expliziten und impliziten Anforderungen, Denkhaltungen und Normen eines Unternehmens über Führung ab. Dazu gehören beispielsweise das Ausmaß des Einbezugs der Mitarbeiter, die Kommunikations- und Feedbackkultur oder gelebte Kontrollmechanismen. Um eine schnelle Anpassungsfähigkeit an Veränderungen zu ermöglichen, sind Führungskräfte die entscheidenden Weichensteller (vgl. Kapitel 2.2): Nur wenn sie ihren Mitarbeitern den notwendigen Freiraum und Entscheidungskompetenzen überlassen, können diese in komplexen Umwelten schnell reagieren. Trotz des Wunsches vieler Unternehmen, agil zu handeln, zeigt eine nähere Betrachtung der Führungslogiken oftmals Widersprüche zu diesem Ziel. Wenn Führung beispielsweise als hierarchische Weisungsbeziehung mit strengen Kontrollprinzipien gelebt wird, ist die Implementierung einer offenen Fehlerkultur nur schwer möglich. Zur Veränderung etablierter Führungskonzepte hat sich die gemeinsame Erarbeitung, Vermittlung und Befüllung von Führungsgrundsätzen und -rollen in Workshops oder Trainings als wirksamer Weg erwiesen[152]. HR tritt in diesem Kontext als Impulsgeber auf, der neue Blickwinkel und Anregungen einbringt sowie methodische Ansätze zur Erarbeitung einer zeitgemäßen Führungsagenda in der Moderatorenrolle vorschlägt. Außerdem ist HR für die regelmäßige Prüfung der Aktualität, Passung und Umsetzung der Führungsgrundsätze verantwortlich.

---

[152] Z. B. Grund & Jaggi (2013).

- Die **Organisationskultur** beschreibt die unternehmensspezifischen Normen, Werte und Haltungen sowie vorherrschenden ethischen Vorstellungen, die den Umgang und die Handlungen in einem Unternehmen entscheidend beeinflussen. Vor dem Hintergrund der häufigen Veränderungen von Tätigkeiten und unsicheren Perspektiven soll die Kultur eines Unternehmens im Sinne einer Ressource als Bindungsfaktor wirken: Selbst wenn sich der eigene Job ändert, bleibt der Kontext, in dem die Arbeit ausgeführt wird, gleich[153]. Eine Kultur, die Unternehmertum im Unternehmen fördert („Intrapreneurship") und auf Offenheit ausgelegt ist, stellt eine wichtige Voraussetzung für das Erreichen von Agilität im externen Kundenumgang dar. Agilität entwickelt sich von innen nach außen: Wenn eine Kulturveränderung in der Belegschaft verankert ist, werden agile Verhaltensweisen durch Anerkennung und Passung von Kollegen und Vorgesetzten belohnt, was zu einer weiteren Verstärkung dieser Aktivitäten führt. HR kann durch die Bereitstellung entsprechender Personalinstrumente eine Vielzahl von Impulsen zur Förderung einer agilen Kultur setzen. Beispielsweise ist denkbar, Mitarbeitern mit innovativen Ideen die Anschubfinanzierung für die Gründung eines Start-Ups durch das Unternehmen zur Verfügung zu stellen und im Falle eines Gelingens über die entsprechende Beteiligung am Erfolg zu partizipieren. Die Mitarbeiter erhalten die Sicherheit, bei einem Scheitern der Geschäftsidee in die Linie zurückkehren zu können und haben somit ein geringeres Risiko bei der Ideenumsetzung als am freien Markt. Eine andere Möglichkeit ist die Schaffung von Freiräumen für die Generierung neuer Ideen im Unternehmen – in konsequenter Umsetzung wurde dies beim Unternehmen Google realisiert, wo Mitarbeiter 20 Prozent ihrer Arbeitszeit zur Umsetzung eigener Projekte verwenden können. Ideenwettbewerbe und ein funktionierendes Vorschlagswesen sind weitere Bauteile vieler agiler Unternehmenskulturen, die darauf abzielen, Bestehendes ständig zu hinterfragen und nach Verbesserungsmöglichkeiten zu suchen.
- **Lernwelten** verwenden wir zur Inklusion aller Aktivitäten und Kontexte, die formelles und informelles Lernen am Arbeitsplatz, in Weiterbildungsmaßnahmen und in der Zusammenarbeit fördern. Wir verzichten auf die traditionelle Bezeichnung der Personalentwicklung, da diese häufig als systematische Herangehensweise zur Vermittlung von Wissen in einem abgesteckten Kontext definiert wird. Lernen findet jedoch in immer höherem Maße auch unsystematisch und selbstgesteuert durch die Mitarbeiter statt, die als Gestalter der eigenen Lernbiografie ihre Entwicklung konstruieren. HR hat unter

[153] Vgl. Fichtner (2008).

diesen Prämissen die Aufgabe, die notwendigen Plattformen, Räumlichkeiten und Rahmenbedingungen für kontinuierliches Lernen und Wissensaustausch zu schaffen. Die Adidas Gruppe zeigt, wie ein solches Umdenken vom Mitarbeiter als Konsument zum Produzent von Lerninhalten aussehen kann: Im Rahmen des neu entwickelten Learning Campus kann jeder Mitarbeiter sowohl als Lehrer als auch als Schüler agieren, 24 Stunden am Tag auf Lerninhalte über verschiedene Medien zugreifen und eigene Inhalte generieren[154]. Der Personalbereich nahm in der Entwicklung des Konzepts sowohl die Vorschläge zahlreicher externer Experten, Mitarbeiter und Führungskräfte auf als auch eigene Ideen auf. Durch diese „Gemeinschaftsproduktion" ergibt sich eine ausgewogene Mischung aus innovativen Lernkonzepten und traditionellen Vermittlungswegen mit moderner Ausgestaltung.

In Bezug auf Karrierepfade, Personalgewinnung und Arbeitszeitmodelle stellt die individuelle Adaptionsfähigkeit der Instrumente auf **Individualisierung** eine hervorzuhebende Zielsetzung dar. Anstatt auf Best Practices anderer Unternehmen zu setzen gilt es für das HRM, der eigenen Belegschaft aktiv zuzuhören, ihre Bedarfe systematisch und regelmäßig zu erfassen und in entsprechende Angebote umzuwandeln (Outside-In Logik). Die einzelnen Bereiche umfassen in unserem Verständnis dabei folgendes:

- **Karrierepfade** beziehen sich auf die Gesamtheit der möglichen hierarchischen und vertikalen Entwicklungswege in einer Organisation. Dazu gehören zum Beispiel institutionalisierte Formen der Führungs-, Fach- und Projektkarriere oder auch internationale Karrierewege. Viele Unternehmen verharren nach wie vor in einem Verständnis von Karriere als Aufstieg in der firmeninternen Hierarchie und klammern sich an traditionelle Entwicklungsbiografien mit Vorbildcharakter. Lebensläufe werden allerdings immer vielfältiger, so dass ein Wechsel von standardisierten Vorgaben bezüglich benötigter Kompetenzen und Karrierestationen zu einer Fokussierung auf die Persönlichkeit der Führungskraft notwendig wird. Die Anpassung an unterschiedliche Macht- und Work-Life-Balance-Anforderungen im Lebensverlauf ist dabei zur Bindung und Motivation von Fachkräften unumgänglich. Karriere in Teilzeit, Elternzeit für Väter, Fachkarrieren als gleichwertige Alternativen – diese Felder werden noch in zu wenigen Unternehmen durch HR bearbeitet.
- **Personalgewinnung** umfasst alle Maßnahmen zur Rekrutierung einer ausreichenden Zahl von Arbeitskräften zur richtigen Zeit und mit

[154] Vgl. Adidas Group (2014).

der richtigen Qualifikation. In letzter Zeit werden Personalmarketingaktivitäten vermehrt unter dem Begriff des Employer Brandings behandelt. Darunter wird die ganzheitliche Profilierung eines Unternehmens als Arbeitgeber verstanden, durch die bei potenziellen Mitarbeitern (und gegenwärtig Beschäftigten) das Bild eines attraktiven Arbeitgebers geschaffen wird.[155] Unabhängig von der Bezeichnung hat das HR Management im Kontext der Gewinnung geeigneter Mitarbeiter nicht nur die Aufgabe, die operativen Prozesse (Anzeigenschaltung, Bewerbersichtung, Interviewdurchführung) zu organisieren und zu begleiten, sondern sollte sich auch auf eine realistische Vermittlung des Arbeitgeberbildes sowie der Wahl adäquater Kanäle zur Zielgruppenansprache fokussieren. Noch zu selten werden dabei die eigenen Mitarbeiter als Quelle der Inspiration für die zu definierenden Eigenschaften der Arbeitgebermarke einbezogen. HR-Bereiche, die in ihren Personalmarketingaktivitäten Botschaften verwenden, die auf den Äußerungen der Belegschaft basieren („was uns ausmacht"), berichten über positive Wirkungen sowohl in Bezug auf die Steigerung der Qualität der Bewerber als auch im Hinblick auf deren Passung zur Unternehmenskultur. HR bewirkt dagegen einen geringen Nutzen, wenn es nur auf Hochglanzbroschüren setzt und mit aufwendigen Rekrutierungsveranstaltungen zwar eine Vielzahl von Bewerbern anlockt, diese dann aber nach Erleben eines heftigen Realitätsschocks wieder abwandern. Auch im Hinblick auf die Ansprache der Bewerber agiert HR häufig noch zu sehr nach dem Gießkannenprinzip, anstatt auf die spezifischen Bedarfe der anzusprechenden Generationen (vgl. Kapitel 2.3) einzugehen.

- **Arbeitszeitmodelle** beziehen sich auf die Möglichkeiten der freien Gestaltung von Arbeitszeit, sowohl in Bezug auf die tägliche Arbeitszeit (z. B. durch Gleitzeitregelungen) als auch im Hinblick auf die langfristig variable Gestaltung der wöchentlichen Arbeitszeit (sog. Lebensarbeitszeitkonten). HR hat die Aufgabe, Bedarfe in der Belegschaft zu erfassen, deren Realisierung durch veränderte Arbeitszeitmodelle zu prüfen und entsprechende Umsetzungskonzepte zu entwickeln. Auch wenn dieses Tätigkeitsfeld einfach realisierbar scheint, besteht noch erheblicher Flexibilisierungsbedarf: In Deutschland sind nach wie vor knapp 60 % der Beschäftigten in Tätigkeiten mit starren Arbeitszeiten beschäftigt[156]. Vollkommen flexibel (d. h. ausschließlich anhand ihrer Arbeitsergebnisse beurteilt) arbeiten nur 2 % der erwerbstätigen Bevölkerung.

[155] Vgl. Ong (2011); Wiese (2005).
[156] Vgl. Statistisches Bundesamt (2011).

Zusammenfassend kann festgehalten werden, dass die HR-Wertarchitektur ein **tätigkeits- und vorgehensfokussiertes Systematisierungsraster** zur Prüfung der Zukunftsfähigkeit von HR-Bereichen bietet. Im Optimalfall wird das SAI-Modell zur Gesamtanalyse und -ausrichtung aller HR-Aktivitäten verwendet[157]. Es ist jedoch auch möglich, mit einzelnen Gestaltungsfeldern zu beginnen und zunächst nur diese in Bezug auf die Erfüllungsgrade der drei Ziele Beitrag zur Strategieumsetzung, Organisationsagilität und Individualisierung sowie der Kompositionsarten Inside-Out, Mixed und Outside-In zu prüfen. Diese sukzessive Vorgehensweise birgt allerdings die Gefahr einer suboptimalen Abstimmung und Integration der HR-Tätigkeiten in eine einheitliche Gesamtarchitektur und damit eines Rückfalls in die alte, abgrenzungsorientierte Binnenlogik von HR-Bereichen. Nur durch die Kombination von konsequenter Öffnung, strategischer Ausrichtung, agiler Orientierung und individualisierter Produktportfolios kann das HRM in volatilen Umwelten einen nachhaltigen Wettbewerbsvorteil erzielen. Wie eine derart gestaltete HR-Arbeit gelingen kann, diskutieren wir im nachfolgendem und abschließendem Kapitel.

Short Summary Kapitel 3:

Bisherige Modelle zur Strukturierung und Organisation von HR-Prozessen wie die HR-Wertschöpfungskette nach SOS-Logik oder die MO5-Wertschöpfungskette greifen in Bezug auf die Kernanforderungen Strategieumsetzung, Agilität und Individualisierung zu kurz. Zwar ermöglichen sie die Herausbildung funktionaler Exzellenz und hervorragender Steuerbarkeit, allerdings greift diese Kausallogik nur in Umwelten mit klar definierten Strukturen.

Die Anforderungen volatiler Umwelten und sich auflösender Unternehmensgrenzen erfordern deshalb die Abkehr von der klassischen HR-Prozesskettenlogik. Eine ganzheitliche HR-Wertarchitektur stellt das **SAI-Modell** dar. Es umfasst …

- die drei **Kernanforderungen** (Strategieumsetzung, Agilität und Individualisierung),
- daraus abgeleitete **Logiken der Zusammenarbeit von HR und anderen Akteuren** (Inside-Out, Mixed, Outside-In)
- die daraus folgenden **Aktivitätsdimensionen** (Orientierung, Impulsgebung, Absorption)

Die Gestaltungsfelder von HR sollten im Hinblick auf die Erfüllung der SAI-Kriterien geprüft werden, wobei in der Praxis jeweils unterschiedliche SAI-Dimensionen im Vordergrund der Aufgabenerfüllung stehen. Die neue HR-Wertarchitektur vermittelt einen Weg der konsequenten Öffnung, strategischen Ausrichtung, agilen Orientierung und Individualisierung des Portfolios für das HRM.

[157] Vgl. www.hr-impulsgeber.de.

4. HR 2020: Die DNA eines erfolgreichen Personalmanagements

Die Impulse der vorangegangen Kapitel liefern eine Reihe von Ansätzen und Überlegungen zur Gestaltung eines zukunftsfähigen Personalmanagements, welches nicht in blindem Aktionismus und traditionellem Abteilungsdenken verhaftet bleibt, sondern durch unternehmensspezifisch angepasste Instrumente der Strategieimplementierung, Agilitätsförderung und individualisierten Ausrichtung auf Mitarbeiterbedürfnisse nachhaltige Wettbewerbsvorteile generiert. Der Handlungsdruck für das HRM ist in Kapitel 1 sehr deutlich geworden: Beschleunigte Veränderungen der Rahmenbedingungen auf gesellschaftlicher Ebene, klar formulierte Anforderungen der Generationen mit hohem Bewusstsein ihrer Stellung als umkämpfte Fachkräfte und der offen ausgesprochene Wunsch nach einem höheren Wertbeitrag durch Personalarbeit können von HR-Bereichen nicht ignoriert werden. Der in Kapitel 2 dargelegte Ist-Zustand des HRM in Bezug auf die drei SAI-Kernherausforderungen, Strategieumsetzung, Agilität und Individualität, zeigt dabei, dass noch hoher Optimierungsspielraum in diesen Zukunftsfeldern eines erfolgreichen Personalmanagements besteht.

Folglich stellt das in Kapitel 3 vorgestellte SAI-Modell einen Denkanstoß für Unternehmen zur Ausrichtung aller Personalaktivitäten auf die Gestaltungsziele Strategieimplementierung, Agilität und Individualisierung sowie zur Öffnung der Personalarbeit für Beiträge von Mitarbeitern und Führungskräften dar. Auf diese Art und Weise wird eine Steigerung der Akzeptanz und damit auch der Erfolgswirksamkeit von HR ermöglicht.

Kein Patentrezept: Unternehmensspezifische Anpassungen notwendig

Eine hohe Qualität in Bezug auf die SAI-Ziele kann allerdings nur erreicht werden, wenn die Umsetzung an den Kontext, die Restriktionen und die Kultur eines jeweiligen Unternehmens angepasst werden. Es macht keinen Sinn, allgemeinen Trends wie dem Drei Säulen-Modell (vgl. Kapitel 2.1) hinterherzulaufen, wenn diese Lösungen nicht zum eigenen Unternehmen und dessen Ausrichtung passen. Jede Organisation hat ihre eigenen Dynamiken und kann anstehende Herausforderungen auch nur durch die eigenen Mitarbeiter und die im Unternehmen angelegten Lösungswege bewältigen. Wenngleich es sicherlich weniger Aufwand bedeutet, ein Standardkonzept für HR-Organisationen zu übernehmen, möchten wir Unternehmenslenker dazu auffordern, die ganz spezifischen Erfolgszusammenhänge ihres Unternehmens eigenständig aufzudecken. Nur auf diese Art und Weise erhalten sie über Verallgemeinerungsleistungen und generelle Gestaltungsempfehlungen hinaus Kenntnis und Gewissheit über die zentralen Treiber *ihres* Unternehmenserfolgs. Wir sind in einigen Impulsgeber-Projekten angefragt worden, ein erfolgreiches Personalmanagement zu etablieren und dabei ein im Moment weit verbreitetes Konzept, beispielsweise das wiederholt angesprochene Business Partner-Modell, als Referenzkonzept zu nutzen. Dies ist leider dergestalt nicht möglich, vielmehr benötigt ein erfolgreicher Personalbereich ein ausgeprägtes Verständnis über die einzelnen Wirkungsfaktoren im eigenen Unternehmen, die im Ergebnis den Unternehmenserfolg bedingen. Aus dieser Kenntnis lassen sich in der Konsequenz eigene Parameter eines erfolgreichen Personalmanagements ableiten und entwickeln, was eben nicht einfach durch die Übernahme eines bestimmten Allgemeinkonzeptes möglich ist. Die Komposition und Konzeption der einzelnen HR-Aktivitäten zur Erreichung von Strategieumsetzung, Agilität und Individualität, die sogenannte HR-Wertarchitektur, kann nur unternehmensspezifisch in Abhängigkeit von Markt, Ausrichtung und Mitarbeitern entwickelt werden.

Wir bezeichnen diese unternehmensspezifische Kombination aus erfolgswirksamen Bestandteilen der HR-Aktivitäten als **DNA des Personalerfolgs**. Die DNA ist Träger der Erbinformationen (Gene) eines jeden Individuums und legt damit Aufbau, Organisation und Charakteristika von Organismen fest. Übertragen auf Organisationen bedeutet dies, dass nur die Entschlüsselung der einzigartigen DNA eines Unternehmens in der Ableitung wirksamer Personalmaßnahmen resultieren kann. Erst wenn die Beziehungen zwischen HR-Tätigkeitsfeldern (z. B. Gestaltung der Anreizsysteme, Personalführung, Karrieremodelle; vgl. Kapitel 3.4) als Einflussvariablen und Erfolgsparametern (z. B. Arbeitsproduktivität, Unternehmenserfolg, Innovationsfähigkeit, Arbeitgeberattraktivität) bekannt sind, kann das HR Management die wesentlichen Treiber gezielt beeinflussen und damit einen nachhaltigen Wertbeitrag liefern. Da jedes Unternehmen eine spezifische optimale Kombination der Ausprägung der SAI-Tätigkeitsfelder hat (vgl. Abbildung 21), lässt sich bei Kenntnis dieser Zusammenhänge eine SAI-Formel entwickeln, welche die Einzelbeiträge zu einer Gesamtleistungsgleichung verdichtet.

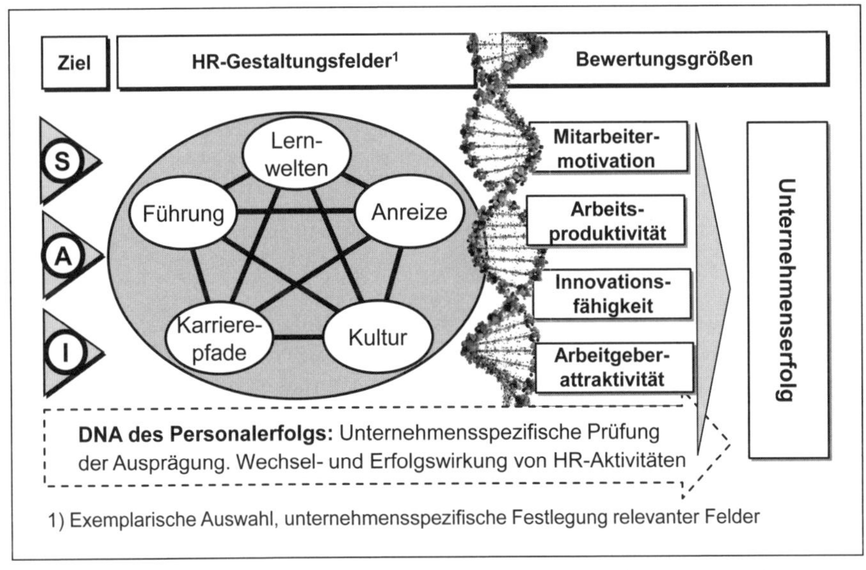

Abb. 23: Entschlüsselung der unternehmensspezifischen DNA des Personalerfolgs

Wie kann die Erfolgs-DNA des Unternehmens entschlüsselt werden?

Viele Unternehmen verfügen bereits teilweise oder sogar vollständig über die notwendigen Informationen zur Definition der eigenen Erfolgs-DNA. Diese lässt sich durch das Aufdecken von Zusammenhängen zwischen den Ergebnissen von Mitarbeiterbefragungen, Organisationsanalysen und Leistungskennzahlen entschlüsseln. Allerdings werden die vorhandenen Daten bislang kaum zur Ableitung einer Managementagenda genutzt, geschweige denn in ein sich wechselseitig beeinflussendes Gesamtgefüge gebracht und zur Identifikation der Erfolgstreiber verwendet.

Bei einer systematischen Prüfung der Zukunftsfähigkeit eines HR-Bereichs hat sich in unserer Erfahrung ein strukturiertes, zeitlich abgegrenztes Analysekonzept bewährt, welches eine möglichst repräsentative Anzahl aller Stakeholder-Gruppen (Mitarbeiter, Führungskräfte, Investoren, Kunden usw.) einbezieht. Zunächst sind die (heute oder künftig) relevanten Gestaltungsfeldern mit HR-Einfluss zu definieren. Dazu bietet sich eine Vorauswahl durch HR an, die durch Interviews mit Schlüsselpersonen (Geschäftsführung, Manager, Eckkräfte) ergänzt und vervollständigt wird. In einem nächsten Schritt ist jede dieser Tätigkeiten in Bezug auf (1) die Gesamtqualität sowie (2) das Ausmaß der Strategiekongruenz, (3) den Grad der Agilität und (4) die Individualisierbarkeit zu bewerten. Um eine Vergleichbarkeit und konkrete Verbesserungsansätze zu erhalten, sind die Aktivitäten sehr konkret in Itemform zu beschreiben. Die Zahl der Items hängt dabei von der Schwerpunksetzung ab. In einem unserer Projekte mit dem Fokus „Agile Führung“ erhoben wir beispielsweise mit 5 Items die Gesamtqualität der Führung im Unternehmen (Zufriedenheit, Wertorientierung, Leistung, Integrität), mit 12 Items den Agilitätsstand (Reaktionsfähigkeit, Flexibilität, Kompetenz, Geschwindigkeit) und mit weiteren 2 mal 5 Items sowohl das Ausmaß der generationenorientierten Führung (Feedback, Offenheit, Anpassungsfähigkeit, Authentizität) als auch den Beitrag der Führungskräfte zur Strategieimplementierung (Bekanntheit, Vermittlung, Vorbildfunktion). Durch Herstellung eines Bezugs zwischen Führungsqualität der einzelnen Facetten und Leistungskennzahlen wurde ersichtlich, dass sich die einzelnen Dimensionen agiler Führung auf die Leistungsfähigkeit von Mitarbeitern verschiedener Generationen unterschiedlich auswirken. Auf Basis der Ergebnisse einer solchen SAI-Analyse wird anschließend in einem gemeinsamen Workshop mit Führungskräften und Mitgliedern der Geschäftsführung eine Management-Agenda entwickelt, welche auf die Optimierung der unternehmensspezifisch bedeutsamen SAI-Treiber abzielt. Durch das Aufdecken der Beziehungen zwischen dem SAI-Qualitätsgrad einzelner Aktivitäten und objektiven Erfolgskennzahlen wird die betriebswirtschaftliche Wirkung sichtbar und kann in Zukunft durch gezielte Maßnahmen beeinflusst werden.

Die Entschlüsselung der unternehmensspezifischen Erfolgs-DNA bildet damit den Ausgangspunkt, um das HR Management hin zu höherer Wirksamkeit in Bezug auf kritische Erfolgsgrößen zu entwickeln. In Abbildung 22 ist die exemplarische Positionierung eines Unternehmens nach den Ergebnissen unserer SAI-Analyse dargestellt. In diesem Fall werden sowohl die SAI-Ausprägungen als auch die Gesamtqualität der HR-Gestaltungsfelder als relevante Größen betrachtet. Der **SAI-Reifegrad** ist dabei ein Indikator für die Zukunftsfähigkeit des HR-Bereichs, wogegen die **Gesamtqualität** der HR-Aktivitäten ein Indikator für die aktuelle Leistungsfähigkeit darstellt. Die Identifikation der zentralen Zusammenhänge einzelner HR-Gestaltungsfelder und unternehmensrelevanter Leistungsindikatoren aus den Analyseergebnissen ermöglicht die Ableitung konkreter Verbesserungsfelder. Ziel des HRM muss es sein, die in der Analysephase aufgedeckten Schwachpunkte durch die Konzeption oder Anpassung entsprechender HR-Instrumente zu adressieren und damit im Soll-Zustand eine optimale Mischung aus Gegenwarts- und Zukunftsbezug in der Personalarbeit zu erreichen.

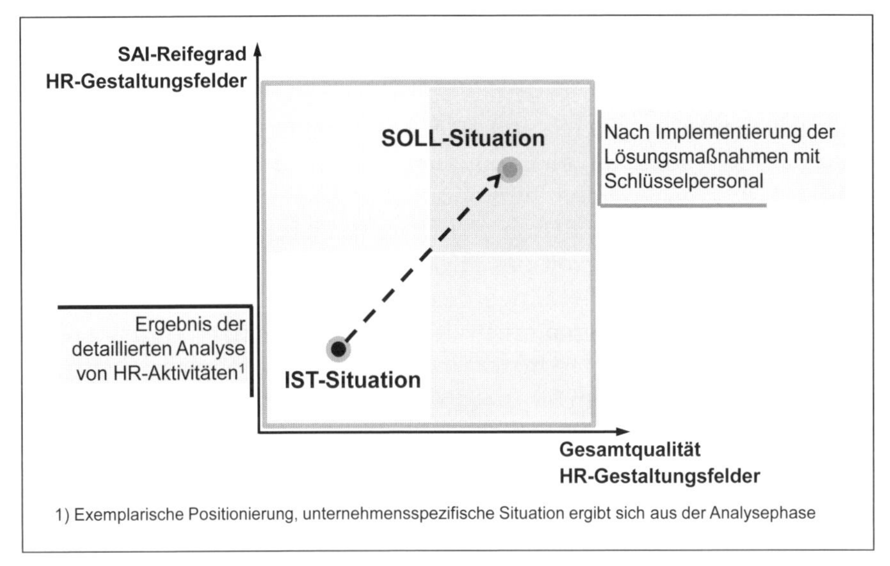

Abb. 24: Von der IST- zur SOLL-Situation durch Qualitätsoptimierung der HR-Gestaltungsfelder

Fazit

Mit diesem Buch wagen wir einen Blick über den Tellerrand klassischer HR-Arbeit hinaus und möchten Praxisvertreter und Wissenschaftler gleichermaßen ermutigen, das Personalmanagement mutiger und zukunftsorientierter zu gestalten. Damit das HR Management in sich auflösenden Organisationen eine feste Größe bleibt, ist die Strategie, keine Strategie zu haben, eine zum Scheitern verurteilte Strategie. Um in Zeiten ständigen Wandels als Ansprechpartner relevant zu bleiben, muss sich das HRM der Implementierung der Unternehmensstrategie, der Erhöhung organisatorischer Agilität sowie der Individualisierung des Produktportfolios verschreiben. Anstatt Standardkonzepte anderer Organisationen oder Beratungen zu implementieren, stehen HR-Bereiche vor der Herausforderung, als aktive Treiber eines langfristigen Entwicklungsprozesses die Kernkultur – die DNA – des Unternehmens herauszuarbeiten, zu gestalten und als Bindungs- und Motivationsfaktor für Fachkräfte wirksam werden zu lassen. Wenn Tätigkeiten und Mitarbeiter immer häufiger wechseln, wird die unternehmensspezifische DNA der wichtigste Differenzierungsfaktor zu Wettbewerbern. Sie ist der Grund, warum Hochqualifizierte in ein Unternehmen wechseln, dort bleiben und zu Höchstleistungen bereit sind. Die Fokussierung auf die stärkere interne und externe Sichtbarkeit der DNA ist Kernaufgabe von HR: Welche Gestaltungsfelder machen die spezifische Kultur eines Unternehmens aus – sind es die Führungskräfte, die Lernkultur, die Karriereperspektiven oder eine ganz andere Kombination? Diese Stärken weiter auszubauen gehört zur Obliegenheit des HRM in entgrenzten Unternehmen. Aktivitäten ohne wertschöpfenden Beitrag sind dagegen zu standardisieren und/oder auszulagern. Der Personalbereich fokussiert sich somit auf eine reduzierte Anzahl an Kernkompetenzen, statt sich wie bisher einem bunten Strauß verschiedenster Trendfelder zu widmen. Im Kontext immer differenzierterer Wechselwirkungen ist die wichtigste Fähigkeit des HRM, Komplexität zu reduzieren, die wesentlichen Zusammenhänge des Personalerfolgs sichtbar werden zu lassen und alle anderen, nicht die Kernkompetenzen umfassenden Bereiche konsequent zu reduzieren. So einfach wie möglich, aber nicht einfacher – entschlüsseln Sie die DNA Ihres Personalerfolgs!

Literatur

Accenture (2012). *2012 Pulse Check: Generation Y im Berufsalltag.* Kronberg: Accenture.

Adidas Group (2014). *Smarten up the people.* URL: http://www.adidas-group.com/de/unternehmen/stories/smarten-people/ (abgerufen am 01.08.2014).

Allen, N. J., & Meyer, J. P. (1990). The measurement and antecedents of affective, continuance and normative commitment to the organization. *Journal of Occupational Psychology, 63(1),* 1–18.

Allen, D. & Shanock, L. R. (2013). Perceived organizational support and embeddedness as key mechanisms connecting socialization tactics to commitment and turnover among new employees. *Journal of Organizational Behavior, 34(3),* 350–369.

Ansoff, H.I. (1965). *Checklist for Competitive and Competence Profiles; Corporate Strategy.* New York: McGraw-Hill.

Argyris, C. & Schön, D. A. (1996). Organizational Learning II. Addison-Wesley.

Arsenault, P. M. (2004). Validating generational differences: A legitimate diversity and leadership issue. *Leadership & Organization Development Journal, 25(2),* 124–141.

Ashkenas, R. (2013). *Was sich ändern muss.* URL: http://www.harvardbusinessmanager.de/blogs/a-898305.html (abgerufen am 01.08.2014).

Ashkenas, R., Ulrich, D., Jick, T. & Kerr, S. (1995). *The Boundaryless Organization: Breaking the Chains of Organization Structure, Revised and Updated.* San Francisco: Jossey-Bass.

Bach, N., Brehm, C., Buchholz, W. & Petry, T. (2012). *Wertschöpfungsorientierte Organisation.* Wiesbaden: Springer Gabler.

Baltes, P. B. (1987). Theoretical propositions of life-span developmental psychology: On the dynamics between growth and decline. *Developmental Psychology, 23(5),* 611–626.

Barney, J. B. & Wright, P.M. (1998). On becoming a strategic partner: The role of human resources in gaining competitive advantage. *Human Resource Management, 37(1),* 31–46.

Bartels, I. (2002). *Generation X. Zum inflationären Gebrauch des Begriffes „Generation“ im aktuellen Mediendiskurs.* URL: http://www.kultur.uni-hamburg.de/volkskunde/Texte/ Vokus/2002-1/generation-x.html (abgerufen am 01.08.2014).

Barthel, E., Hasebrook, J.P. & Zawacki-Richter, O. (2004). Wissenswert –Wissenskapital: Bilanzierung von Kompetenzen in Kompetenzbilanzen. *Abschlussbericht G-014-02 „Kompetenzbilanzen“: Projekt Grundlagenforschung „Lernkultur Kompetenzentwicklung“ – Teilprojekt 8 der Arbeitsgemeinschaft Betriebliche Weiterbildungsforschung e.V. (ABWF).*

Becker, L. (2000). Personalmanagement als Wertschöpfungskette: Systematisierung und organisatorische Gestaltung des Personalwesens. In: Krüger, W. (Hrsg.): *Arbeitspapier 1/2000 des Lehrstuhls für Organisation, Unternehmensführung, Personalwirtschaft der Justus-Liebig-Universität Gießen.* URL: http://www.org-portal.org/fileadmin/media/upload/0b9527a738_19__01_2000.pdf (abgerufen am 01.08.2014).

Becker, B. E. & Huselid, M. A. (1998). High performance work systems and firm performance: A synthesis of research and managerial implications. *Research in Personnel and Human Resources Management, 16,* 53–101.

Beer, M. & Nohria, N. (2000). Cracking the code of change. *Harvard Business Review, 78(3),* 133–141.

Benson, J. & Brown, M. (2011). Generations at work: are there differences and do they matter? *International Journal of Human Resource Management, 22(9),* 1843–1865.

Berthel, J. & Becker, F. G. (2007). *Personalmanagement (8. Auflage).* Stuttgart: Schäffer-Poeschel.

Boxall, P. & Purcell, J. (2000). Strategic human resource management: where have we come from and where should we be going? *International Journal of Management Reviews,* 2(2), 183–203.

Bristow, D., Amyx, D., Castleberry, S. B. & Cochran, J. J. (2011). A cross-generational comparison of motivational factors in a sales career among Gen-X and Gen-Y college students. *Journal of Personal Selling & Sales Management, 31(1),* 77–85.

Bruch, H., Kunze, F. & Böhm S. (2010). *Generationen erfolgreich führen.* Wiesbaden: Gabler.

Bund, K., Heuser, U. J., & Kunze, A. (2013). *Generation Y: Wollen die auch arbeiten?* URL: http://www.zeit.de/2013/11/Generation-Y-Arbeitswelt (abgerufen am 01.06.2013).

Bundesministerium des Inneren (2011). *Demografiebericht. Bericht der Bundesregierung zur demografischen Lage und künftigen Entwicklungen des Landes.* Berlin: Bundesministerium des Inneren.

Cattell, R. B. (1971). *Abilities: Their Structure, Growth, and Action.* Boston: Houghton Mifflin.

Choi Sang, L. & Lee Yean, T. (2011). Relationship between leadership style, job satisfaction and employees' turnover intention: A literature review. *Research Journal of Business Management, 5(3),* 91–100.

Cogin, J. (2012). Are generational differences in work values fact or fiction? Multi-country evidence and implications. *The International Journal of Human Resource Management, 23(11),* 2268–2294.

Collins, C. J., & Smith, K. G. (2006). Knowledge exchange and combination: the role of human resource practices in the performance of high-technology firms. *Academy of Management Journal, 49*(3), 544–560.

Connell, J., Ferres, N., & Travaglione, T. (2003). Engendering trust in manager-subordinate relationships: Predictors and outcomes. *Personnel Review, 32*(5), 569–587.

Conway, N., & Briner, R. B. (2012). Investigating the effect of collective organizational commitment on unit-level performance and absence. *Journal of Occupational & Organizational Psychology, 85(3),* 472–486.

Coupland, D. (1992*). Generation X: Geschichten für eine immer schneller werdende Kultur.* Hamburg: Galgenberg.

Cox, R. W. (1999). The Executive Head: An Essay on Leadership in International Organization. In R. W. Cox & T. J. Sinclair (Hrsg.), *Approaches to World Order.* Cambridge: Cambridge University Press, 317–348.

Dachroth, H.-G. & Engelbert, V. (2014). Personalplanung. In: Dachroth, H.-G., Engelbert, V., Koberski, W. & Dachrodt, G. (Hrsg.): *Praxishandbuch Human Resources: Management – Arbeitsrecht – Betriebsverfassung.* Wiesbaden: Gabler, 1155–1194.

D'Amato, A. & Herzfeldt, R. (2008). Learning orientation, organizational commitment and talent retention across generations. A study of European managers. *Journal of Managerial Psychology, 23(8),* 929–953.

Dehnen, H. S. (2012). *Markteintritt in Emerging Market Economies: Entwicklung eines Internationalisierungsprozessmodells.* Wiesbaden: Springer Gabler.

Deutsche Gesellschaft für Personalführung (2010). *Expat-Management. Auslandseinsätze erfolgreich gestalten.* Bielefeld: Bertelsmann.

Deutsche Gesellschaft für Personalführung (2011). *Zwischen Anspruch und Wirklichkeit: Generation Y finden, fördern und binden. PraxisPapier 09/2011.* Düsseldorf: Deutsche Gesellschaft für Personalführung.

Dievernich, F. E. P. & Endrissat, N. (2010). Work-Life Balance im Demographie-Kontext. In: Kaiser, S., & Ringlstetter, M. J., (Hrsg.): *Work-Life Balance.* Berlin: Springer, 83–99.

Dirks, K. T. (1999). The Effects of Interpersonal Trust on Work Group Performance. *Journal of Applied Psychology, 84*(3), 445–455.

Dirks, K. T. (2000). Trust in Leadership and Team Performance: Evidence From NCAA Basketball. *Journal of Applied Psychology, 85*(6), 1004–1012.

Dirks, K. T., & Ferrin, D. L. (2001). The role of trust in organizational settings. *Organization Science, 12*(4), 450–467.

Doz, Y. & Kosonen, M. (2010). Embedding Strategic Agility: A Leadership Agenda for Accelerating Business Model Renewal. *Long Range Planning, 43(2–3),* 370–382.

Drucker, P. (2001). The Next Society: A Survey of the Near Future. *The Economist, November 3rd 2001 edition (1).*

Drucker, P. (2007). *Management Challenges for the 21st Century.* Burlington: Taylor & Francis.

Eisenberger, R., Armeli, S., Rexwinkel, B., Lynch, P. D. & Rhoades, L. (2001). Reciprocation of perceived organizational support. *Journal of Applied Psychology, 86(1),* 42–51.

Eisenberger, R., Huntington, R., Hutchison, S. & Sowa, D. (1986). Perceived organizational support. *Journal of Applied Psychology, 71(3),* 500–507.

Erikson, E. H. (1950). *Childhood and Society.* New York: Norton.

Erikson, E. H. (1959). *Identity and the Life Cycle.* New York: International Universities Press.

Erikson, E. H. (1968). *Identity, Youth and Crisis.* New York: Norton.

Eyer, E. & Haussmann, T. (2009). *Zielvereinbarung und variable Vergütung.* Wiesbaden: Gabler.

Farndale, E., Paauwe, J., Morris, S. S., Stahl, G. K., Stiles, P., Trevor, J., & Wright, P. M. (2010). Context-bound configurations of corporate HR functions in multinational corporations. *Human Resource Management, 49(1),* 45–66.

Fernandez, R. M., Castilla, E. J. & Moore, P. (2000). Social Capital at work: Networks and employment at a phone center. *American Journal of Sociology, 105(5),* 1288–1356.

Ferrin, D. L., Dirks, K. T., & Shah, P. P. (2003). Many routes toward trust: A social network analysis of the determinants of interpersonal trust. *Academy of Management Proceedings,* C1-C6.

Fichtner, H. (2008). *Unternehmenskultur im strategischen Kompetenzmanagement.* Wiesbaden: Gabler.

Forrester Consulting (2006). *Is Europe ready for the Millennials?* Cambridge: Forrester Research.

Förster, K. & Wendler, R. (2012). *Theorien und Konzepte zu Agilität in Organisation.* Technische Universität Dresden: Dresdner Beiträge zur Wirtschaftsinformatik, 63/12.

Francis, H., Parkes, C. & Reddington, M. (2014). E-HR and international HRM: A critical perspective on the discursive framing of e-HR. *International Journal of Human Resource Management, 25(10),* 1327–1350.

Gabler (2005). *Gabler Wirtschaftslexikon.* Wiesbaden: Gabler.

Gassmann, O. & Enkel, E. (2006). Open Innovation: Die Öffnung des Innovationsprozesses erhöht das Innovationspotenzial. *ZFO Wissen (3).* 132–138. URL: http://www.bgw-sg.com/wp-content/uploads/2014/02/open-innovation-zfo-2006.pdf (abgerufen am 01.08.2014).

Gerlach, C. (2014). Schutz vor dem Smartphone. *brand eins, 16(9),* pp. 118–121.

Gerpott, F., Hackl, B. & von Schirach, C. (2013). Attraktiver werden – für alle. *Personalmagazin, 14(8),* 28–31.

Gillespie, N. A., & Mann, L. (2004). Transformational leadership and shared values: The building blocks of trust. *Journal of Managerial Psychology, 19*(6), 588–607.

Glass, A. (2007). Understanding generational differences for competitive success. *Industrial & Commercial Training, 39(2),* 98–103.

Green, K. W., Wu, C., Whitten, D. & Medlin, B. (2006). The impact of strategic human resource management on firm performance and HR professionals' work attitude and work performance. *International Journal of Human Resource Management, 17(4),* 559–579.

Griffeth, R. W., Hom, P. W. & Gaertner, S. (2000). A meta-analysis of antecedents and correlates of employee turnover: Update, moderator tests, and research implications for the next millennium. *Journal of Management, 26(3),* 463–488.

Grund, S. & Jaggi, P. (2013). Die Entwicklung einer gemeinsamen Führungslandschaft, mehr als nur Worte. In Eberhardt, D. (Hrsg.): *Together is better?* Berlin: Springer, S. 87–98.

Gutschelhofer, A. (1996): *Der Wertkettenansatz im Wertschöpfungs-Center Personal. Mit einer vertieften Betrachtung der Personalentwicklung.* dbv-Verlag: Graz.

Hackl, B. & Gerpott, F. (2014). Exklusivstudie Personal: Was machen eigentlich ihre Personaler? *Harvard Business Manager, 36(2),* 6–9.

Hackl, B., Gerpott, F. & Vacek, E. (2014). Nur gemeinsam stark: Warum agile Führung mit einer nachhaltigen Lernkultur verknüpft werden muss. *Personalführung, 47(6),* 34–41.

Hackl, B., Gerpott, F., Malessa, M. & Jeckel, P. (*im Druck*). A²: Wie Agilität gelebt werden kann.

Hambrick, D. C. & Fredrickson, J. W. (2001). Are you sure you have a strategy? *The Academy of Management Executive, 15(4),* 48–59.

Hartmann, M. (2004). Komplexitätsreduktion als Kunst. In: Hartmann, M. (Hrsg.): *Berichtswesen für High-Tech-Unternehmen.* Berlin: Erich Schmidt Verlag, 39–59.

Hess, N. & Jepsen, D. M. (2008). The psychological contract: investigation of generational and career stage differences. *Academy of Management Annual Meeting Proceedings,* 1–6.

Hickson, D. J., Hinings, C. R., Lee, C. A., Schneck, R. E., & Pennings, J. M. (1971). A Strategic Contingencies' Theory of Intraorganizational Power. *Administrative Science Quarterly, 16(2),* 216–229.

Hilker, C. (2014). *Digital Leader: Pressemitteilung von 25. August 2014, Digital Leader Interview mit Joachim Schreiner.* URL: http://www.digital-leader.de/2014/08/digital-leader-interview-mit-joachim-schreiner/ (abgerufen am 01.09.2014).

Horn, J. L. (1970). Organization of data on life-span development of human abilities. In Goulet, L. R., & Baltes, P. B. (Hrsg.): *Life-Span Developmental Psychology: Research and Theory.* New York: Academic Press, 423–466.

Horn, J. L. (1982). The theory of fluid and crystallized intelligence in relation to concepts of cognitive psychology and aging in adulthood. In Craik, F. I. M., & Trehub, S. E. (Hrsg.): *Aging and Cognitive Processes.* New York: Plenum Press, 847–870.

Horney, N., Pasmore & O'Shea, T. (2010). Leadership Agility: A Business Imperative for a VUCA world. *People & Strategy, 33,* 32–38.

Hotz-Hart, B. & Rohner, A. (2014). *Nationen im Innovationswettlauf: Ökonomie und Politik der Innovation.* Wiesbaden: Springer Gabler.

Hrebiniak, L. (2005). *Making strategy work: Leading effective execution and change.* New Jersey: Pearson Education Inc.

Hruschka, P., Rupp, C. & Starke, G. (2009). *Agility kompakt. Tipps für erfolgreiche Systementwicklung.* Heidelberg: Spektrum.

Illies, F. (2000). *Generation Golf. Eine Inspektion (10. Auflage).* Frankfurt: Fischer.

Inglehart, R. (1995*). Kultureller Umbruch. Wertewandel in der westlichen Welt.* Frankfurt: Campus.

Jansen, S. A. & Mast, C. (2014). Konvergente Geschäftsmodellinnovationen in Deutschland. *Zeitschrift Führung + Organisation, 83(1),* 25–31.

Joiner, B. (2009). Guide to Agile Leadership. *Industrial Management, 51,* 11–15.

Jöns, I., Hodapp, M. & Weiss, K. (2005): Kurzskala zur Erfassung der Unternehmenskultur. URL: http://psydok.sulb.uni-saarland.de/volltexte/2006/690/

pdf/2005-03_1_Kurzskala_zur_Erfassung_der_Unternehmenskultur.pdf (abgerufen am 01.08.2014).

Kalinowski, M., & Quinke, H. (2010). Projektion des Arbeitskräfteangebots bis 2025 nach Qualifikationsstufen und Berufsfeldern. In R. Helmrich & G. Zika (Hrsg.): *Beruf und Qualifikation in der Zukunft.* Bielefeld: Bertelsmann, 103–123.

Kaltenecker, S., Spielhofer, T., Eybl, S., Schober, J. & Jäger, S. (2011). Erfolgreiche Führung in der agilen Welt. Wien: Platform for Agile Management.

Kiehn, A. (1996): *Möglichkeiten und Grenzen der ökonomischen Analyse der Wertschöpfung des Personalmanagements.* Universität St. Gallen: Dissertation 1996.

Kienbaum (2010). *Was motiviert die Generation Y im Arbeitsleben?* URL: http://www.personalwirtschaft.de/media/Personalwirtschaft_neu_161209/Startseite/Downloads-zum-Heft/0910/Kienbaum_GenerationY_2009_2010.pdf (abgerufen am 01.08.2014).

Kieser, A. (2009). Einarbeitung neuer Mitarbeiter. In: von Rosenstiel, L., Regnet, E., & Domsch, M. E. (Hrsg.): *Führung von Mitarbeitern (6. Auflage).* Stuttgart: Schäffer-Poeschel, 148–157.

Kirsch, W., Seidl, D. & van Aaken, D. (2009). Unternehmensführung: Eine evolutionäre Perspektive. Stuttgart: Schäffer-Poeschel.

Klaffke, M. & Parment, A. (2011). Herausforderungen und Anforderungen für das Personalmanagement von Millennials. In Klaffke, A. (Hrsg.): *Personalmanagement von Millennials.* Wiesbaden: Gabler, 3–22.

Kluckhohn, C. (1951). Values and value-orientations in the theory of action: An exploration in definition and classification. In: Parsons, T. & Shils, E. A. (Hrsg.): *Toward a General Theory of Action.* Cambridge: Harvard University Press, 388–433.

Koob, C. (2014). Strategisches Management: Die Unternehmensentwicklung marktorientiert gestalten. In: Niermann, P. F.-J. & Schmutte, A. M. (Hrsg.). *Exzellente Managemententscheidungen: Methoden, Handlungsempfehlungen, Best Practices.* Wiesbaden: Springer Gabler, 103–148.

Koster, F., de Grip, A. & Fouarge, D. (2011). Does perceived support in employee development affect personnel turnover? *The International Journal of Human Resource Management, 22(11),* 2403–2418.

Kotter, J. P. (2008). A sense of urgency. Boston: Harvard Business School Press.

KPMG (2007). *Jenseits der Babyboomer: der Aufstieg der Generation Y.* URL: http://www.kpmg.de/docs/Generation_Y.pdf (abgerufen am 01.08.2014).

Krause, D. (2005): Luhmann-Lexikon. Stuttgart: Lucius & Lucius.

Kurzhals, Y. & Schaper, N. (2008). *Ergebnisse einer empirischen Studie zur Frage „Was sind erfolgsrelevante Kompetenzen von Personalmanagern?" Praxispapier 07/2008.* Düsseldorf: Deutsche Gesellschaft für Personalführung.

Lacey, M. (2012). *The Scrum Field Guide.* New York: Addison Wesley.

Langbehn, A. (2010). *Praxishandbuch Produktentwicklung.* Frankfurt a. M.: Campus.

Lee, C. H. & Bruvold, N. T. (2003). Creating value for employees: investment in employee development. *The International Journal of Human Resource Management, 14(6),* 981–1000.

Lemmer, R. (2013). Hochleistung im Wohlfühlbereich. *Personalmagazin, 14(1),* 24–26.

Levinson , D. J. (1978). *The Seasons of Man's Life.* New York: Knopf.

Lewis, R. D. (2006). *When Cultures Collide: Leading Across Cultures* (3 ed.). Boston: N. Brealey Publishing.

Liebe, U. & Wegerich K. (2010). Die Rekrutierung neuer Mitarbeiter aus Organisationsperspektive: Eine komplementäre Sicht auf soziale Netzwerke im Arbeitsmarkt. *Soziale Welt, 61(2),* 161–180.

Liotta, A. (2012). *Unlocking Generational Codes. Understanding what makes the generations tick and what ticks them OFF.* New York: Avia Publishing.

Lub, X., Bijvank, M., Bal, P., Blomme, R. & Schalk, R. (2012). Different or alike? Exploring the psychological contract and commitment of different generations of hospitality workers. *International Journal of Contemporary Hospitality Management, 24(4),* 553–573.

Luhmann, N. (1997). *Die Gesellschaft der Gesellschaft.* Frankfurt a. M.: Suhrkamp.

Luhmann, N. (2002). *Einführung in die Systemtheorie.* Herausgegeben von D. Baecker. Heidelberg: Carl-Auer-Systeme.

Maier, N. (2009). *Erfolgreiche Personalgewinnung und Personalauswahl.* Zürich: Praxium.

Malik, F., Chugtai, S., Iqbal, Z., & Ramzan, M. (2013). Does psychological empowerment bring about employee commitment? *Journal of Business Studies Quarterly, 5(1),* 14–21.

Manocha, R. (2005). HR 'must find local-global balance'. *People Management, 11(8),* 15.

Marsick, V. J., & Watkins, K. E. (2003). Demonstrating the value of an organization's learning culture: The dimensions of the Learning Organization Questionnaire. *Advances in Developing Human Resources, 5,* 132–151.

Martin, C. A. (2005). From high maintenance to high productivity. *Industrial & Commercial Training, 37(1),* 39–44.

Maslow, A. H. (1943). A theory of human motivation. *Psychological Review, 50(4),* 370–396.

Maximini, D. (2013). *Scrum – Einführung in der Unternehmenspraxis.* Berlin: Springer Gabler.

Mayer, R. C., Davis, J. H., & Schoorman, F. (1995). An integrative model of organizational trust. *Academy of Management Review,* 20(3), 709–734.

Mayer, R. C. Davis, J. H., & F.D.Schoorman. (2006). An integrative model of organizational trust. In R. M. Kramer (Hrsg.), *Organizational Trust: A Reader* (pp. 82–110). New York: Oxford University Press, 82–110.

McGregor, D. (1960). *The Human Side of Enterprise.* New York: McGraw-Hill.

Medinilla, Á. (2012). *Agile Management: Leadership in an Agile Environment.* Berlin: Springer.

Mei-Fang, C., Chieh-Peng, L. & Gin-Yen, L. (2011). Modelling job stress as a mediating role in predicting turnover intention. *The Service Industries Journal, 31(8),* 1327–1345.

Mescheder, B. & Sallach, C. (2012). *Wettbewerbsvorteil durch Wissen.* Berlin: Springer Gabler.

Mezger, F. & Bader, K. (2014). Innovationskultur als Erfolgsfaktor für Geschäftmodellinnovationen: Eine fallstudienbasiert Übersicht. In: Schallmo, D. R. A. (Hrsg.): *Kompendium Geschäftsmodell-Innovation.* Wiesbaden: Springer Gabler, 233–255.

Miebach, B. (2014). *Soziologische Handlungstheorie: Eine Einführung.* Wiesbaden: VS Verlag für Sozialwissenschaften.

Milling, P. (1981). *Systemtheoretische Grundlagen zur Planung der Unternehmenspolitik.* Berlin: Duncker und Humblot.

Mintzberg, H., Ahlstrand, B. & Lampel, J. (2007). *Strategy Safari. Eine Reise durch die Wildnis des strategischen Managements (2. Edition).* Heidelberg: Redline Wirtschaft.

Nachtwei, J. & Schermuly, C. C. (2009). Acht Mythen über Eignungstests. *Harvard Business Manager, 4,* 6–10.

Neilson, G., Martin, K. L. & Powers, E. (2008). The Secrets to Successful Strategy Execution. *Harvard Business Review 86(6),* 60–70.

Noé, M. (2012). *Praxisbuch Teamarbeit: Aufgaben, Prozesse, Methoden.* München: Carl Hanser.

O'Bannon, G. (2001). Managing our future: The Generation X factor. *Public Personnel Management, 30(1),* 95–109.

Oertel, J. (2008). *Generationenmanagement im Unternehmen.* Wiesbaden: Gabler.

Oertig, M. & Kohler, C. (2010). Gestaltung von HR-Strukturen und Prozessen. In: Werkmann-Karcher, B. & Rietiker, J. (Hrsg.): *Angewandte Psychologie für das Human Resource Management.* Berlin: Springer, 139–164.

Oltmanns, T. (2014). Wer ist hier der King? *Personalmagazin, 7,* 12–14.

Ong, L. D. (2011). Employer branding and its influence on potential job applicants. *Australian Journal of Basic and Applied Sciences, 5(9),* 1088–1092.

Opaschowski, H. W. (2012). Die Zukunft der Arbeitswelt: Anders, vielfältig und herausfordernd. *Wirtschaftspsychologie aktuell, 19(4),* 21–24.

Osterwalder, A. & Pigneur Y. (2010). *Business Model Generation – A Handbook for Visionaries, Game Changers, and Challengers.* New Jersey: John Wiley & Sons.

Pajo, K., Coetzer, A. & Guenole, N. (2010). Formal Development Opportunities and Withdrawal Behaviors by Employees in Small and Medium-Sized Enterprises. *Journal of Small Business Management, 48(3),* 281–301.

Palfrey, J., & Gasser, U. (2008). *Generation Internet. Die Digital Natives: Wie sie leben. Was sie denken. Wie sie arbeiten.* München: Hanser.

Park, T.-Y., & Shaw, J. D. (2013). Turnover rates and organizational performance: A meta-analysis. *Journal of Applied Psychology, 98(2),* 268–309.

Parment, A. (2009). *Die Generation Y – Mitarbeiter der Zukunft.* Wiesbaden: Gabler.

Picot, A., Reichwald, R. & Wigand, R. (2003). *Die Grenzenlose Unternehmung: Information, Organisation und Management.* Wiesbaden: Gabler.

Porter, M. E. (1985). *The Competitive Advantage: Creating and Sustaining Superior Performance.* New York: Free Press.

Porter, M. E. (2008). The Five Competitive Forces That Shape Strategy. *Harvard Business Review, 86(1)*, 78–93.

Prahalad, C. K. & Hamel, G. (1990). The Core Competence of the Corporation. *Harvard Business Review, 68(2)*, 79–91.

PricewaterhouseCoopers (2008). *Millennials at work: Die neue Generation von Mitarbeitern.* URL: http://www.pwc.de/de_DE/de/prozessoptimierung/assets/millennials_at_ work_report08.pdf (abgerufen am 01.08.2014).

PricewaterhouseCoopers (2011). *Millennials at work: Reshaping the workplace.* URL: http://www.pwc.com/gx/en/managing-tomorrows-people/future-of-work/download.jhtml (abgerufen am 01.08.2014).

Proff, H. (2005). Orchestrierung von Wertschöpfungsketten in externen Unternehmensnetzwerken am Beispiel der Versorgungswissenschaft. In: Stahl, H. K. & Friedrich von den Eichen, S. A. (Hrsg.): *Vernetzte Unternehmen.* Berlin: Erich Schmidt Verlag, 201–220.

Reichel, A., & Lazarova, M. (2013). The Effects of Outsourcing and Devolvement on the Strategic Position of HR Departments. *Human Resource Management, 52(6)*, 923–946.

Renner, B. & Schwarb, T. (2010). *BPO in HRM: Business Process Outsourcing im Human-Resource Management.* Rheinfelden: BPX-Edition.

Reupke, U. & Struck, Z. (2013). Agilität liegt in den Prozessen. *Zeitschrift Führung und Organisation, 82(3)*, 174–183.

Rich, G. A. (1997). The Sales Manager as a Role Model: Effects on Trust, Job Satisfaction, and Performance of Salespeople. *Journal of the Academy of Marketing Science, 25*(4), 319–328.

Riekhof, H.-C. (2010). *Die sechs Hebel der Strategieumsetzung: Plan – Ausführung – Erfolg.* Stuttgart: Schäffer-Poeschel.

Rifkin, J. (2004). *The European Dream: How Europe's Vision of the Future Is Quietly Eclipsing the American Dream* (1 ed.). New York: Jeremy P. Tarcher.

Rosenstiel von, L. & Comelli, G. (2003). *Führung zwischen Stabilität und Wandel.* München: Vahlen.

Rudolph, W. (1959). *Die amerikanische "Cultural Anthropology" und das Wertproblem.* Berlin: Duncker & Humblot.

Rump, J. & Eilers, S. (2013). *Die jüngere Generation in einer alternden Arbeitswelt. Baby Boomer versus Generation Y.* Sternenfels: Verlag Wissenschaft & Praxis.

Sachverständigenrat zur Begutachtung der gesamtgesellschaftlichen Entwicklung (2011). *Herausforderungen des demografischen Wandels.* Paderborn: Bonifatius.

Schallmo, D. R. A. (2014). Theoretische Grundlagen der Geschäftsmodell-Innovation – Definitionen, Ansätze, Beschreibungsraster und Leitfragen. In: Schallmo, D. R. A. (Hrsg.): *Kompendium Geschäftsmodell-Innovation.* Wiesbaden: Springer Gabler, 1–30.

Schirrmacher, F. (2004). *Das Methusalem-Komplott.* München: Karl Blessing.

Schmicker, S., Wagner, D., Glöckner, W. Großholz, M., Richter, K. & Voigt, B.-F. (2013). Flexibler Personaleinsatz im Spannungsfeld von Individualisierung und Standardisierung. In: Kaiser, S., Bamberg, E., Klatt, R. & Schmicker, S.:

Arbeits- und Beschäftigungsformen im Wandel. Wiesbaden: Springer Gabler, 3–40.

Schmidt, F. L. & Hunter, J. E. (1998). The validity and utility of selection methods in personnel psychology: Practical and theoretical implications of 85 years of research findings. *Psychological Bulletin, 124(2),* 262–274.

Schoeneberg, K.-P. (2014). Komplexität – Einführung in die Komplexitätsforschung und Herausforderungen für die Praxis. In: Schoeneberg, K.-P. (Hrsg.): *Komplexitätsmanagement in Unternehmen: Herausforderungen im Umgang mit Dynamik, Unsicherheit und Komplexität.* Wiesbaden: Springer Gabler, 13–27.

Scholz, C. (2003). Die Saarbrücker MO5-Wertschöpfungskette. In C. Scholz & J. Gutmann (Hrsg.): *Webbasierte Personalwertschöpfung: Theorie - Konzeption – Praxis.* Wiesbaden: Gabler, 122–144.

Schoorman, F., Mayer, R. C., & Davis, J. H. (2007). An integrative model of organizational trust: Past, present, and future. *Academy of Management Review, 32*(2), 344–354.

Schulte, M. (2012). *Generation Y. Warum ein gerechtes Vergütungssystem die Attraktivität des Arbeitgebers steigert.* Hamburg: Diplomica.

Schulte-Deußen, K. (2012). Monetäre Leistungsanreize: Nutzen, Risiken und Nebenwirkungen. *Wirtschaftspsychologie aktuell, 19(3),* 54–56.

Schwertfeger, B. (2014). *Mitarbeiter sind zweitranging.* URL: http://www.zeit.de/2014/27/personalvorstaende-mitarbeiter-fachkraefte-personalmanagement/komplettansicht (abgerufen am 01.08.2014).

Sharifi, H. & Zhang, Z. (1999). A methodology for achieving agility in manufacturing organisations: An introduction. *International Journal of Production Economics, 62(1-2),* 7–22.

Shaw, J. D., Park, T.-Y. & Kim, E. (2013). A resource-based perspective on human capital losses, HRM investments and organizational performance. *Strategic Management Journal, 34(5),* 572–589.

Shaw, R. B. (1997). *Trust in the Balance: Building Succesful Organizations on Results, Integrity, and Concern.* San Francisco: Jossey-Bass.

Sieben, I. (2007). Does training trigger turnover - or not? The impact of formal training on graduates' job search behaviour. *Work, Employment & Society, 21(3),* 397–416.

Simons, N. (2010). Leveraging generational work styles to meet business objectives. *Information Management Journal, 44(1),* 28–33.

Smola, K. & Sutton, C. D. (2002). Generational differences: Revisiting generational work values for the new millennium. *Journal of Organizational Behavior, 23(4),* 363–382.

Spilker, M., Roehl, H. & Hollmann, D. (2013). *Die Akte Personal: Warum sich die Personalwirtschaft jetzt neu erfinden sollte.* Gütersloh: Verlag Bertelsmann Stiftung.

Sprenger, R. K. (2002). *Vertrauen führt: Worauf es im Unternehmen wirklich ankommt.* Frankfurt: Campus-Verlag.

Statistisches Bundesamt (2009). *Bevölkerung Deutschlands bis 2060: 12. koordinierte Bevölkerungsvorausberechnung.* Wiesbaden: Statistisches Bundesamt.

Statistisches Bundesamt (2011). *Starre Arbeitszeiten für fast 60 % der Beschäftigten.* URL: https://www.destatis.de/DE/PresseService/Presse/Pressemitteilungen/2011/11/PD11_439_132.html (abgerufen am 01.08.2014).

Statistisches Bundesamt (2012). *Geburten in Deutschland: Ausgabe 2012.* Wiesbaden: Statistisches Bundesamt.

Swift, G. (2012). Human Resource Service Delivery. In: Taylor, S. & Woodhams, C. (Hrsg.). *Managing People and Organisations.* London: CIPD, 1–22.

Thom, N., & Friedli, V. (2008). *Hochschulabsolventen gewinnen, fördern und erhalten.* Bern: Haupt.

TNS Infratest (2010). *Generation Prekär.* URL: http://www.igmetall.de/ cps/rde/xbcr/SID-F1585FDE-8FAA546E/internet/docs_0164967_2010_10_11_Junge_Generation_Infra-test_fb35c1e2c860c044939095bc1494c5e6d35b8fe5.pdf (abgerufen am 01.08.2014).

Trost, A. (2012). *Talent Relationship Management.* Berlin: Springer.

Tulgan, B. (1997). *The Manager's Pocket Guide to Generation X.* Amherst: HRD.

Ulrich, D. (1997). Human resource champions. *Human Resource Development Quarterly, 8(2),* 186–190.

Van Meter, R., Grisaffe, D., Chonko, L. & Roberts, J. (2013). Generation Y's ethical ideology and its potential workplace implications. *Journal of Business Ethics, 117(1),* 93–109.

Von Clausewitz C. (2004). *Strategie denken: Herausgegeben vom Strategieinstitut der Boston Consulting Group.* München. Deutscher Taschenbuch Verlag.

Viljakainen, P. A., & Müller-Eberstein, M. (2012). *Digital Cowboys: So führen Sie die Generation PlayStation.* Weinheim: Wiley-VCH.

Wagner, R., Wittmann, M., & Ries, S. (2012). Vorsicht vor Stereotypen – was die Generation Y motiviert. *Wirtschaftspsychologie aktuell, 19(3),* 32–38.

Wasti, S., Tan, H., Brower, H. H., & Önder, Ç. (2007). Cross-cultural measurement of supervisor trustworthiness: An assessment of measurement invariance across three cultures. *Leadership Quarterly, 18*(5), 477–489.

Weitzel, T. (2013). So kommt der Fisch zur Angel. Wie Bewerber und Unternehmen die Stellen- bzw. Personalsuche gestalten. *URL: http://de.amiando.com/eventResources/Q/I/UI18zzpEQE90d8/Weitzel-Symposium-2013.pdf (abgerufen am 01.08.2014).*

Werle, K. (2010). *Die Perfektionierer.* Frankfurt: Campus.

Werle, K. (2012). Wer will noch Chef werden? *Manager Magazin, 42(8),* 94–105.

Wickel-Kirsch, S., Janusch, M. & Knorr, E. (2008). *Personalwirtschaft. Grundlagen der Personalarbeit in Unternehmen.* Wiesbaden: Gabler.

Wiese, D. (2005). *Employer Branding. Arbeitgebermarken erfolgreich aufbauen.* Saarbrücken: VDM Verlag Dr. Müller.

Wild, J. (1973). *Product Management: Ziele, Kompetenzen und Arbeitstechniken des Produktmanagers.* München: Verlag moderne Industrie.

Yakubovich, V. & Lup, D. (2006). Stages of the recruitment process and the referrer's performance effect. *Organization Science, 17(6),* 710–723.

Zemke, R., Raines, C. & Filipczak, B. (2000). *Managing the Clash of Veterans, Boomers, Xers, and Nexters in Your Workplace.* New York: Amacom.

Zeytinoglu, I., Yılmaz, G., Keser, A., Inelmen, K., Uygur, D. & Özsoy, A. (2013). Job satisfaction, flexible employment and job security among Turkish service sector workers. *Economic & Industrial Democracy, 34(1),* 123–144.

Zopiatis, A., Krambia-Kapardis, M. & Varnavas, A. (2012). Y-ers, X-ers and Boomers: Investigating the multigenerational (mis)perceptions in the hospitality workplace. *Tourism & Hospitality Research, 12(2),* 101–121.

Zopiatis A., Krambia-Kapardis, M., Varnavas, A. & Pavlou, I. (2010). Are X-ers from mars and Y-ers from venus? Generations under the microscope. *The EuroCHRIE, Amsterdam 2010 Conference Proceedings.* URL: http://www.eurochrie2010.nl/publications/ 118.pdf (abgerufen am 01.08.2014).

Stichwortverzeichnis